ベトナム人がよく食べる麺はフォー……ではなくこのブン。理由？　安いから

ベトナム人はハンモック昼寝が大好き。高校まで学校で昼寝がある国です

麺料理に入れる調味料セット。自分の好みの味が決まるまで、最低10杯

ハノイのレストランで出されたつけだれ。ベトナムは見た目より味の国？

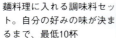

アジアーの繁華街になったホーチミンシティのヴィビエン通り。大音響です

バイクにひょいと乗った。この国に生きると、犬も歩くことを忘れる

僕の定番朝食は、バインミーというバゲットサンドにベトナムコーヒー

ダラットのancafeにはカップル＆女子が集まる。僕らも座ったが……潜入気分

ダラット鉄道は、インスタ撮影会場と化していた

左上：ダラット名物バンチャンヌン。ライスペーパーを焼いて具を載せる。約50円
左中：ダラットサラダ。単なる高原レタスのサラダだが、とにかく新鮮
左下：高原の街ダラットはどこへいってもレタス。とくに市場周辺は

プレアプロッサム村を訪ねるのは年に1～2回。目的？　このメコン川です

「伝統の森」（P.253）には、森本喜久男らが復元したカンボジアの布が

岐阜県の石徹白。この村が
カンボジアの「伝統の森」
とつながっている

「伝統の森」でつくられる
糸は、別名、黄金の生糸。
子供を脇に置いての手仕事

週末ちょっとディープなベトナム旅

下川裕治　　写真・阿部稔哉

朝日文庫

本書は書き下ろしです。

週末ちょっとディープなベトナム旅●目次

地図／フジ企画

ベトナムの通貨はドン、カンボジアの通貨はリエル。円とのレートは、最終取材（二〇一七年十一月）当時の一万ドン＝約五〇・一四五円、千リエル＝約二八円で換算している

週末ちょっとディープなベトナム旅

第一章　ハノイ

老朽化したロンビエン橋に漂うベトナム戦争のにおい

ひとつの橋がある。

ハノイでは、いや、ベトナムでは最も知られた橋のひとつかもしれない。これまでも何回となくこの橋を列車で渡った。

ベトナムの鉄道は北部のハノイと南部のホーチミンシティを結ぶ南北統一鉄道が有名で、支線はあまりない。南北に細長い国だから、南北統一鉄道から分岐する線への需要はあまりないわけだ。しかしハノイを中心にした一帯は東西に土地が広がっている。ベトナムの国土は、長靴をひっくり返したような形をしている。その上の部分、長靴の踵《かかと》や足先が入る部分の中心がハノイだと思っていい。東西に広がる土地には支線が走っている。

ハノイと中国国境のラオカイやドンダンを結ぶ路線、ハノイと港のあるハイフォンをつなぐ路線などがある。ベトナムの鉄道乗車記を書く仕事があり、これらの路線に乗った。そのたびにこの橋を渡った。

ロンビエン橋という。

ラオカイ方面から流れくだるホン川に架かる橋だ。長さは千七百メートルほどある。

この橋の袂《たもと》にロンビエン駅がある。支線を走る列車のなかには、この駅から発車するものがあった。ハノイ駅を起点にする列車が多く、その混雑を緩和するためのようなのだが、ハノイ駅を発車する列車は一日に十便もない。日本人的な感覚では混みあうという意味がわからないが、ベトナム国鉄が考えたことだから、いろいろという筋合いではない。二〇一六年、ハイフォンからハノイに戻る列車に乗った。終点のハノイ駅のひとつ手前にあるロンビエン駅で降りた。ここからタイグエン方面に向かう列車に乗るつもりだった。といっても、乗り継ぎ時間は数時間あった。ベトナムの支線は一日に一、二本という運行が多かった。

不思議な駅だった。切符売り場の前にベンチが並んだ小さな駅なのだが、その建物の脇に立派なガジュマルの木があった。その前に神を祀《まつ》った祠《ほこら》がつくられ、周りをベンチが囲んでいた。祠の上には、大きな赤い提灯《ちょうちん》が吊りさげられていた。ときおり人が現れ、手を合わせていく。祠にはろうそく型の電球が灯《とも》り、線香から煙が立ちのぼっている。廟《びょう》と一体化したような駅だった。ガジュマルの木の奥に二軒の売店があった。そこは列車に乗る客と廟にやってくる人のためのものだった。

ロンビエン橋は地面から数メートルの高さにつくられていた。駅は橋の袂にあったから、川に沿った道から斜面や石段をのぼらなくてはならなかった。駅のホームから眺めると、眼下に下町風の商店街が広がっていた。

駅のベンチに座り列車を待つしかなかった。目の前にくだりの坂道があり、ロンビエン橋を渡ったバイクが次々に現れた。この坂道は大きくカーブを描いて大通りに合流する。

することもなく、バイクの列を見ていると、雲行きが怪しくなってきた。やがて大粒の雨が降りはじめた。橋を渡ったバイクが停車し、座席をあげ、そのなかから雨具をとりだす。

ふたり乗りのバイクも多く、彼らはふたり用の雨具をもっていた。運転手と後部座席に乗る人との一体型の雨具だった。ふたりしてすっぽりとそれを被る。二人羽《ににん》織のような雨具なのだ。

感心してしまった。ベトナム、カンボジア、タイ、ミャンマーといった一帯は、バイクタクシーが市民の足である。タイのバンコクでは、僕も毎日のように乗っていた。渋滞をものともしないバイクタクシーは心強い存在だったが、雨には弱かった。運転手は自分用の雨具しかもっていない。雨季には僕も鞄のなかに雨具を入れ

ロンビエン駅の正面入口。一軒家風の駅舎。ちょっとほっとする

駅舎裏のガジュマルの祠。もともと祠があり、その前に駅ができた気がする

ていた。しかし雨具を被ると、雨には濡れないが、汗が一気に出てくる。雨が降ったからといって、気温が急激にさがるわけではない。汗で雨具の内側が濡れ、ぺったりと腕に吸いついてしまう。

ベトナムではそれにも配慮が施されていた。ふたり用の雨具は丈が短いのだ。運転手と客のふくらはぎあたりから下は外に出ている。雨が多少は当たってしまうが、この丈なら風が入ってくる。雨具のなかが汗で濡れることを防いでくれそうだった。

日本の企業のアジア進出コンサルタントのなかには、ベトナム人を高く評価する人がいる。気質が日本人に似ているのだという。ひとつの民族の性格をそう簡単にいいきれるものではないと思うが、この雨具を目にすると、たしかに日本人に近い気がする。身近な物のちょっとした創意工夫は日本人の得意技でもある。コンビニ弁当を買い、箸が入っているビニール袋の開け口を見て感心してしまう。切り口が見やすい位置につけられるなど、開けやすい工夫が細部まで張りめぐらされている。それが日本ではビジネスにもなる。

雨具も同じだろう。同じようにバイクが市民の足になっているというのに、タイ人は雨具の工夫はしない。どこにでもあるビニールカッパが売られているだけだ。タイでも探せばあるのかもしれないが、いまだ二人羽織式雨具は目にしていない。

二人羽織のような雨具。この形に辿り着くまで長い道のりだった？

橋を渡ったバイクは次々に現れる。二人羽織式雨具を被っているのは五、六割といったところだろうか。

ロンビエン橋は古い。できあがったのは一九〇二年である。フランスの植民地の時代だ。百十年以上が経ち、さすがに老朽化が進んでいる。中央を線路が走り、その両側に車道がある。かつては車もバイクも通行できた。しかし東側に新しくチュオンズオン橋ができ、車とバイクがこの橋を渡ることは禁止されたという。よほど古くなっているのだろうか。しかしその後にチュオンズオン橋の渋滞が激しくなり、バイクの通行は許されるようになった。

「バイクなら大丈夫なんだろうか」

雨に濡れたバイクを眺めながらぼんやりと考えてみる。

そういえば、この橋を歩いて渡ったことがない。

バイクの数に比べれば、その百分の一程度かもしれないが、ときおり、傘をさした人が現れる。さっさと歩けば三十分ほどで渡りきることができる長さである。今日は雨だが、いつかハノイを訪れたら、歩いてみようかと考えていた。


東京を発った飛行機がハノイの空港に着き、バスでハノイ駅まで出た。駅前のホテルに入ったときは午後の四時頃だった。

ハノイをいろいろ歩いてみようとは思っていたが、しばらくすると日が落ちてしまう。郊外に行くことも難しい。どうしようか。

二年ほど前の一日を思いだした。僕はロンビエン駅の待合室から、ロンビエン橋を渡りきったバイクを眺めていた。いつか歩いて橋を渡ってみようとは思っていた。あのときは雨だったが、今日は日本の秋を思わせる晴れた空が広がっていた。

カメラマンの阿部稔哉氏に声をかけた。

「ロンビエン橋を歩いて渡ってみようか。ホン川の向こう側がどうなっているのかも知らないし、今日は夕日がきれいかもしれない」

ロンビエン橋を渡るバイクをぼんやり見ていた。こういう時間、好きです

ホン川に沿った道はこの渋滞。見ただけで気が滅入る？（2013年撮影）

「ロンビエン橋って、あの橋でしょ」

「そう、あの橋」

共通の記憶があった。

一九九四年、僕と阿部カメラマンは、日本から陸路の国境だけを越えてトルコのイスタンブールをめざすという旅を続けていた。もっとも日本は島国だから、厳密な意味での陸路旅となると、韓国を経て渡った中国からということになる。いまでこそ、多くの国境を外国人も通ることができるようになったが、当時、はたして越えられるのかどうかわからない国境がいくつかあった。そのひとつがベトナムだった。

ベトナム政府とのパイプのある旅行会社のパッケージツアーではなく、個人がビザをとり、自由にベトナムを訪ねることができるようになったのは一九九〇年である。僕も知人に誘われて訪ねたが、滞在できる街はホーチミンシティやハノイなどの主要都市に限られていた。飛行機を使うことも条件だった。一九九三年には国内旅行が自由になった。小さな村を訪ねることもできるようになった。しかし飛行機でホーチミンシティかハノイに入らなくてはいけなかった。そうこうしているうちに、陸路国境を通ることができるようになったという話が流れてきた。東京の旅行

この写真を見ただけで古さがわかるはず。ベトナム人は気にしないが

橋の途中にはバナナ店。なぜここで？　まったく客はいなかった

会社を通じて陸路で入国し、出国するビザを申請した。いくつかの国境を通ることができるようになったが、事前にそのポイントを伝え、ビザに書き込む必要があるといわれたからだ。

フンガイクアンとモクバイ。ふたつの地名が、ベトナムのビザ欄に書き込まれた。中国の南寧から南下してベトナムに入る国境がフンガイクアン、南部のカンボジアに抜ける国境がモクバイである。

このビザを携えて中国とベトナムの国境に向かった。不安はあった。ベトナム入国のルールには、出国用航空券の提示が記されていたからだ。陸路で入国し、陸路で出国するわけだから、航空券などもってはいなかった。

それは杞憂というより、入国のルール以前の問題だったような気がしないでもない。中国を出国し、ベトナムのイミグレーションまでの道をとぼとぼ歩いた。二キロほどあった記憶がある。イミグレーションは民家のような木造家屋だった。オフィスには誰もいなかった。しばらく待ち、現れた若い職員は英語がまったく通じなかった。パスポートを手に奥に消え、しばらくして現れた職員は金を要求してきた。断わるとまた奥に消え、パスポートを手に戻ってきた。そこには入国スタンプが捺されていた。言葉が通じない上に、金をとれそうもない。さっさとスタンプを捺すか。そんな態度だった。

ドンダンから列車でハノイに出た。ハノイでは自転車を借りた。僕らはその橋がロンビエン橋ということを知らなかった。気まぐれに街のなかを走っているうちに、橋の袂に出てしまったらしい。年代で見ると、チュオンズオン橋ができ、車とバイクの通行が禁止されている時期である。しかし橋は夥《おびただ》しい数の自転車で埋まっていた。当時のベトナムは、いまほどバイクが多くなかった。貧しい時代を引きずるように、路上を自転車が埋めていた。

橋を渡った自転車の群れに阿部カメラマンがレンズを向けた。そのとたん、あたりに笛の音が鳴り響いた。いったいなにごとかと道行く人が立ち停まるほどの音だった。白い制服を着た警官が駆け寄ってきた。彼は自転車の交通整理にあたっていた。

警官は大声を発した。意味はわからないが、いいたいことの察しはつく。橋を写真に撮ってはいけないと叫んでいたはずだ。詰め寄る警官に頭をさげる。当時はまだデジカメが普及していなかった。カメラからフィルムを出して渡せといわんばかりの勢いだった。デジカメなら、目の前で画像を消せといわれるシーンである。幸い、フィルムを抜きとるまでに話は発展しなかった。

橋の撮影を禁止しているエリアや国はある。橋はある意味、軍事施設でもあるからだ。しかしそういう場所は雰囲気でわかる。兵士が警備のために立っていたり、周囲に漂う空気が若干張りつめている。僕や阿部カメラマンは、何回もそんな場に出合っている。その経験からすれば、ロンビエン橋はなんの問題もなかった。しかし警官は、血相を変えて駆け寄ってきた。

「そんなに重要な橋なんだろうか」

警官が去った後に僕らは首を傾げた。どこを見渡しても、警備をしなくてはならない雰囲気が伝わってこない。

これがベトナムという国の怖さなのかもしれなかった。人々は屈託がなく、路上にはアジアのエネルギーが溢れている。しかしベトナムは社会主義国なのだ。政治家や軍は、その枠組みのなかにいる。

ロンビエン橋に行こうといったとき、阿部カメラマンの脳裡には、あの一瞬が蘇ったのだろう。二十年以上がたっても、すぐに反応するほどのトラブルだった。

僕はもう少し気楽に構えていた。二〇一六年、ロンビエン駅の待合室から、橋を渡ってくるバイクの写真を何枚か撮っていた。なんの問題もなかった。そもそも警官もいなかった。

ロンビエン橋は相変わらずバイクで埋まっていた。渡り終えたバイクをかわすように道を渡り、橋の右側にある歩道を歩きはじめた。歩道といっても、側溝の上にコンクリート板を渡しただけで、歩くとがたがたと音がする。ところどころ、コンクリート板が割れていて、橋の下が見えた。注意深く歩かないと、足をくじきそうだった。

幅も人ひとりが歩くのがやっとだった。歩く人のためにつくられた歩道ではなかった。

夕方だったためか、反対からジョギングをしてくるベトナム人がいる。そのたびに車道に降りなくてはならなかった。

三十メートルほど歩くと、眼下にホン川の河川敷が広がりはじめた。小屋のような家があり、その周りの囲いのなかでは豚が飼われていた。橋の上から黒や薄ピンクの豚を眺めていると、ここがハノイであることを忘れそうになる。農村地帯に入り込んだような気分なのだ。

橋脚は錆で赤茶色だった。かなりの年代物の鉄である。バイクが走る車道もかなりたわんでいる。もうこの橋は、とっくに寿命を迎えていることがよくわかる。日がしだいに傾き、ライトを点したバイクも増えていく。歩道の足場は悪く、顔をあげるとバイクのライトが眩《まぶ》しい。歩きづらい歩道だった。

十五分ほど歩いただろうか。車道が倍ほどの広さになるところがあった。物売りのおばさんが、風呂にあるようなプラスチック椅子に腰かけている。その前に炭火が入った七輪もどきが置かれ、その上でトウモロコシが焼かれていた。この橋の上の名物なのか、そんな店が三つもあった。脇には濃縮ジュースが入ったプラスチック壜が並んでいる。橋を歩いて渡る人は少ないが、バイクが何台も停まっている。小腹がすいたのだろうか。眺めていると、橋と河川敷をつなぐ鉄製の階段を男があがってきた。髪の毛が濡れている。

「あそこで泳いできたんだ」

河川敷の先を指差した。

もう少し進んでみることにした。十分ほど歩くと、橋の中央に出た。そこにもトウモロコシ屋台が出ている。

「ここが残った鉄骨だろうか」

その部分だけ橋の上にある鋼材の背が高い。

ハイフォン港とハノイを結ぶ鉄道が敷かれ、その列車用にロンビエン橋はつくられた。フランスの会社がつくり、その形はエッフェル塔を横にしたようだともいわ

橋を歩いている欧米人もいた。皆、途中で後悔している顔つきだった

河川敷の豚舎。バイクばかり見ながら橋を渡る目にはちょっと新鮮

れたという。どう眺めれば、エッフェル塔に似るのかはわからないが、当時、東南アジアでは最も大きな橋のひとつだったことはたしかだ。トラス構造からは、優雅さが伝わってくるような気にもなる。

ベトナム戦争当時、北ベトナムへの物資の多くはハイフォン港に水揚げされた。そこからハノイまでの輸送を担ったロンビエン橋は、北爆の標的になった。何回となく、アメリカ軍戦闘機の攻撃を受け、北ベトナムの人々は、そのつど、橋を修復したという。おそらく僕が見ている中央部の鉄骨は、唯一、爆撃を免れた部分なのだ。

焼きトウモロコシ屋で少し休むことにした。橋の下の河川敷は終わり、やや白みがかった褐色のホン川が流れていた。川の流れに沿って空気が動いているようだった。川風が心地いい。

なんだかよくわからないジュースを頼んでみた。飲んでみると、梅ジュースだった。漬けた梅の実がひとつ入っている。客たちは、それをスプーンでつぶしながら飲んでいる。

「この鉄骨部分が映るから、警官は撮影禁止っていったんだろうね」

「つまりベトナム戦争の象徴ってこと?」

「こうやって努力して、私たちはアメリカに勝ったんだって」

ときおり列車が通過する。こんなに老朽化した橋を渡っていたとは

ロンビエン橋がベトナムのなかで最も名前が知られている理由だった。ディエンビエンフーがフランスを撃退した象徴の土地になっているように、いまも残るロンビエン橋はベトナム人にとって重要な橋だった。

少なくとも僕らが撮影を咎められた頃までは。

一九七五年、サイゴンが陥落し、ベトナム戦争は終わった。南北ベトナムは統一された。しかしベトナムの人々の苦しみは終わらなかった。統一後、ドイモイがはじまるまでの十一年間は、ベトナム戦争時代より苦しかったというベトナム人は少なくない。統一後、ベトナムはカンボジアに侵攻する。これに対して、世界の国々は非難し、とくに東南アジア諸国連合（アセアン）はベトナムに対し、厳しい経済制裁に踏みきる。ベトナム戦争時代、北ベトナムは東側社会、南ベトナムは西側社会に支えられていた。しかしカンボジア侵攻ではじまった制裁は、ベトナムという国全体が対象だった。多くの人々がボートピープルになって脱出している。ベトナムは完全な物不足に陥り、年率七〇〇パーセントともいわれるインフレに襲われた。

ベトナムを訪ね、最初に戸惑うことは、通貨の桁の多さだ。両替やATMで受けとった紙幣のゼロの数がやたら多い。コーヒーを一杯飲み、四万ドンといわれ、支払う紙幣のゼロをつい数えてしまう。一万ドンが五十円ほどだから、いくらベトナムの物価が安いといっても、万単位の紙幣が必要になる。この桁の多さは、ベトナムを襲った超インフレの置き土産でもある。

どん底状態に陥った経済から脱却するために、一九八六年、ベトナム政府はドイモイを発表する。直訳すれば刷新という意味になるが、つまりは社会主義経済のなかに、資本主義経済をとり入れていく政策だった。物の価格は自由になり、市場メカニズムが導入され、ベトナムは息を吹き返すことになる。

しかしドイモイは、南北統一を導いた人々に危機感を募らせた。自由競争は、彼

常連客もいるようで会話も弾む。ただしビールはありません。あしからず

梅ジュースは１万5000ドン、約75円。
橋の上価格だろうか

河川敷の向こうにチュオンズオン橋。やけに立派に見える

対岸で待っているビール。しだいに足早になっていく

らが手にした利権の存続を危うくさせた。その多くは、旧北ベトナムの政治家や軍人だったといわれる。

そのなかで彼らはホー・チ・ミンをことさら崇めはじめ、アメリカに勝利した象徴をつくっていった気がする。そのひとつがロンビエン橋だった。僕が中国から陸路で入国した頃は、ドイモイの発表から十年近くがたっていた。はじめの頃、ドイモイに半信半疑だった人々も、しだいに楽になっていく暮らしに手応えを感じかけていた。だからよけいに、ロンビエン橋の象徴化が必要だった気がする。

どう考えたところで、当時、ロンビエン橋の軍事的な役割はなかった。老朽化のなかで車やバイクが通行できない橋になっていたからだ。しかし警官たちは、この象徴を守らなくてはいけなかったのだろう。

血相を変えた警官に詰め寄られた僕らは、その犠牲者なのかもしれなかった。

橋はまだ半分の距離が残っていた。どのバイクもライトを点け、混みあう橋の上をのろのろと進んでいく。暗くなった歩道は、いままで以上に歩きにくい。

ホン川の対岸が明るかった。ハノイ市街地側は広い河川敷になり、豚が飼われるような一帯だったが、反対側は、川に沿ってレストランが並んでいた。二、三十軒はあるだろうか。あそこでビールでも飲み、ホテルに戻ることにしようか。

チュアタイという寺に流れるホー・チ・ミン伝説

チュアタイという寺に行ってみようかと思った。ハノイの郊外にある寺だという。なんでもこの寺には洞窟があり、ある時期、ここにホー・チ・ミンが潜んでいたらしい。

チュアタイ方面行きの路線バスは、ミーディンバスターミナルから発車した。ターミナル内で、「チュアタイ」「チュアタイ」と口にすると、そのへんにいた男たちが、「あのバス」「あっちが早い」……などと教えてくれる。何路線もあるらしい。四十分ほど乗っただろうか。国道沿いで降ろされた。チュアタイという矢印があったので、その方向に歩きはじめた。この先に高校があるのか、バイクに乗った生徒たちが追い抜いていく。途中で道を訊くと、遠くに見える岩山を指差された。洞窟があるくらいだから、寺は岩山のなかにつくられているのだろう。なんでもこの寺は、十一～十二世紀、徐道行という高僧が修行を積んだ寺だと資料に出ていた。この時期はベトナムの歴史でいうと李朝の時代。中国の影響が強かった。

土砂を積んだトラックが何台も走り抜ける不快な道だった。そのたびに砂煙が舞いあがる。チュアタイに行ってわかったのだが、洞窟というのは鍾乳洞だった。ここで石灰石を採掘していた。平原のなかに石灰石の岩山が露出した地形のようだった。

チュアタイは寺だけがあるかと思っていたが、周辺は町になっていた。なぜか美容院が多かった。

進むと小振りの池があった。線香のにおいが漂ってくる。その方向に向かうと、岩山の案内図が掲げてあった。岩山のなかにいくつかの寺が点在している。そこが石段で結ばれている。いちばん奥に赤い星のマークが記されていた。ここがホー・チ・ミンが潜んだ場所ということだろうか。しかし、星印があるだけでなんの説明もない。ホー・チ・ミンゆかりの洞窟なら、もっと派手に紹介されるような気がする。なにしろ彼はベトナムの建国の父である。すべての紙幣にホー・チ・ミンの顔が印刷されている。

どことなく釈然としない思いを抱きながら山に入った。不二法門と書かれた門をくぐると、まもなく石段がはじまった。これが急で長い。石段に沿って祠や石像が続く。二百段を超える石段に息があがりそうになる。のぼりきったところにあるのが頂山禅寺だった。ホー・チ・ミンが隠れたという洞窟はまだ先だった。ここからは石段もなくなり、岩が折り重なる山道になる。本格登山道に近い。北アルプスの山も頂に近づくと、剝きだしの岩の道をバランスをとりながら進むことになるが、その道に似ている。急な斜面には鎖をつけてほしいほどだった。

いったんくだり、さらに岩の道をのぼると、ぽっかりと開いた洞窟の入口が見えた。入口で懐中電灯が貸しだされていたが職員がいない。しかたなく、スマホのライトを頼りに洞窟に入った。

入口に看板があったが、そこにもホー・チ・ミンの文字はどこにもなかった。赤い星のマークもない。

洞窟のなかで耳を澄ますと、ぽたっぽたっという水滴の音が聞こえる。弱いライトで壁面が映しだされている場所もある。そこにあるのは鍾乳石だった。

二十分ほど、そろそろとくだっただろうか。突然、外光が差し込んできた。見あげると、地表に穴があいていた。そのあたりが広場のようになっていた。

「もし、ホー・チ・ミンが潜んだとしたら、ここだろうな」

そんな気がする。ここなら生活することができる。

頂山禅寺。読経の声はもちろん、僧がいる気配もなかった

洞窟内広場。かなり広い。一応、洞窟歩きはここが終点です

しかし本当にホー・チ・ミンは、ここに隠れたのだろうか。途中の売店のおばさんに、「ホー・チ・ミン?」と訊くと、皆、洞窟を指差すのだが、表示がなにもない。あったのはのぼり口にあった案内図の赤い星印だけなのだ。ヨーロッパやアメリカで暮らしたホー・チ・ミンがベトナムに戻ったのは一九四一年だった。ベトナムを支配していた日本の敗北が決定的になると、ベトナムは事実上、無政府状態になった。このときホー・チ・ミンは民衆蜂起を先導する。八月革命である。そして独立宣言を出し、ベトナム民主共和国が誕生した。

しかし旧宗主国のフランスはこれを認めず、再び駐留をはじめる。こうして起きたのが第一次インドシナ戦争だった。もし、ホー・チ・ミンが、チュアタイの洞窟に隠れたとしたら、この時期だった気がする。アメリカが介入したベトナム戦争時代、北ベトナム領内にいれば、洞窟に身を潜める必要はなかったからだ。

いろいろな資料を読んでみたが、ホー・チ・ミンがこの洞窟に潜んだことはなかったような気がする。

話はホー・チ・ミンの死後に移る。彼はサイゴン陥落の四年前に死去している。ホー・チ・ミンの遺書などからうかがえるのは、彼は個人崇拝を嫌っていたことだ。そのあたりは毛沢東や金日成とは違う。しかしベトナム共産党はホー・チ・ミン人気を利用していこうとする。

ホー・チ・ミンの遺体は、レーニンのように永久保存され、ハノイのホー・チ・ミン廟に安置された。これも党の意向が強く働いたといわれる。

ベトナム各地、とくに北ベトナムにあるホー・チ・ミンゆかりの場所が、次々にクローズアップされていく。それは南北ベトナムを統一国家に導いていくためには必要な象徴だった。

チュアタイの洞窟も、そんななかでホー・チ・ミンと結びついていった気がする。たしかに光が差し込む洞窟のなかの広場に佇むとそんな気になってくる。

しかしドイモイを経た経済発展のなかでは、ホー・チ・ミン崇拝の必要性が薄くなっていく。確証がとれないチュアタイの洞窟の正式な説明のなかから、ホー・チ・ミンに関する記述が消されていったように思うのだ。噂の洞窟ということだろう。

平日ということもあったのかもしれないが、チュアタイを訪れる人は少なく、岩の山道に汗を流して洞窟まで入ってくる人は希だった。山寺の先にある洞窟は、怖いぐらいに静まり返っていた。

第二章　フォー

突きつけられる
絶対味覚という難問

「フォー屋に入るでしょ。ベトナム人の知人と入ると、彼らはまず脂はそのままか、脂は抜くか、具のモヤシは茹でるか生か……といった注文をはじめるんです。あー、またこの時間か……と苛つきますね。たかがフォーでしょ。こちらはお腹がすいてるから早く食べたい。僕はどっちだっていいんだけど、知人は、どうする？って訊いてくる。しかたないから、モヤシは茹でて……なんていってしまうけど」

ホーチミンシティに暮らす日本人とフォーを食べながら、彼の口をついて出るのは愚痴だった。

「日本人と食べると楽ですよね。フォーっていうひとことで注文が決まってしまう。せいぜい肉の種類を訊くぐらい。そしておいしいって食べてくれる。でもベトナム人は違います。出てきたスープに脂が浮いていると、脂抜きっていったじゃないかって突っ返すときもある。なかなか食べるまでに辿り着けないんですよ」

「そりゃ、日本人の多くは、ベトナム語を話すことができないからじゃないですか」

「いや、違うと思う。彼らは脂抜きか、脂入りか……目を閉じて食べてもわかるような気がするな」

フォーはベトナムを代表する麺料理である。米の麺で、それ自体のコシは弱い。日本のラーメンのように小麦粉とかん水というアルカリ塩水溶液が化学反応を起こしていないので消化もいい。ベトナム人は朝となく、昼となく、このフォーを食べる。

ではこのフォーが最も大衆的な麺かというと少し違う。ベトナムを歩いてみるとわかることだが、ベトナムの国民食といったらブンという麺だと思う。

フォーとブンは、そのつくり方が違う。ともに米粉だが、フォーは水で溶いた米粉を板状に固め、それを切る。そのため平麺になることが多い。店によっては丸い麺もあるが。ブンはトコロテンのように押しだして麺をつくる。丸い麺で、若干のもちもち感がある。太さもいろいろあり、麺料理として食べるブンは細いうどんといった感じ。生春巻きに一緒に包むブンはもっと細く、そうめんに似ている。

フォーとブンの違いはむしろスープだろうか。フォーは鶏や牛をじっくり煮込んでスープをつくる。それに対してブンのスープはバリエーションが広い。ニョクマムというベトナムの醬油ベースのスープや、つけ麺タイプもある。

ブンのつけ麺バージョン。フォーに比べてさっぱり系ですぐ腹が減る

ブンはフォーに比べて安いことも国民食になる理由だろうか。ホーチミンシティでフォーを食べると、五、六万ドン、約二百五十円から三百円はするが、ブンとなると三、四万ドン、約百五十円から二百円といった世界になる。フォーという麺は、どちらかというと高級麺なのだ。その理由ははっきりしないが、外国人の間ではフォーの知名度が圧倒的に高い。ホーチミンシティのフォー屋を見ても、欧米人がよくテーブルに座っている。日本人に限らず、外国人にとってのベトナム麺はフォーである。

旅行者目線で見ても、フォーの看板のほうがよく見かける気がする。街の

ハノイの駅前で食べたブン。麺とスープは明らかにフォーとは違う

なかを歩いていると、フォーとブンは同じぐらいの割合になるが、地方都市や国道沿いの店になると、フォーという文字が増える。フォーは乾麺も流通し、調理の前に水で戻すことができる。それに対してブンは生麺が主流のためかもしれない。

看板には「PHO COM」と書かれていることが多い。COMとは米のことで、米の上にさまざまな料理を載せた定食ということになる。「PHO COM」を日本風に訳すと、「麺類 定食」といったところだろうか。昼間の定食屋といった感覚である。僕もこの種の店によく入る。地方都市やバスで移動していると、この定食屋の世話になることが多い。COMにも種類があり、トレーの上にできあがったおかずを並べた店は注文しやすいが、それ以外となるとベトナム語が必要になってくる。そんなときはフォーになってしまう。フォーとひとことといえば、よほどのことがない限りわかってもらえるからだ。

そんな店でも、ベトナム人は細かい注文をつけているのだろうか。フォーの専門店ならまだわかるが、地方の定食屋レベルとなると……とも思ったが、やはり、「脂を抜いて」とか、「モヤシは茹でて……」などといっているらしい。日本人でも、ラーメンの麺の太さや茹で方、スープにこだわる人は少なくない。しかしベトナム人のほうが、こだわり派がはるかに多い。フォーならなんでもいいといったタイプはほとんどいない。

僕はしばしばひとりでフォー屋に入る。ホーチミンシティでよく行くのは、フォー24である。二十四時間営業を売り物にするチェーン店だ。はじめて目にしたのは十年以上前のことだろうか。フォーの味もそこそこで、メニューには英語も併記されている。いつでも開いているから、ばたばたと動きまわっているときは好都合だった。年を追ってメニューも増えた。店によって違いはあるかもしれないが、ファングーラオ通りに面したフォー24には、チャーハン、バインミーというフランスパ

意味は本文を参照。この文字に反応するようになったらベトナム通？

ンのサンドイッチまである。なんだかファミレスのような雰囲気になってきた。

ほかのメニューが充実するのに反比例して、フォーの存在感が薄くなりつつある。ファングーラオ通りのフォー24のメニューには、フォーボーという牛肉フォーと、フォーガーという鶏肉フォーのふたつが書かれているだけだ。

一般的なフォーボーを注文する。店員はなにも訊かずに頷いた。

「それはたぶん下川さんが外国人だからかもしれない。ベトナム人がフォー24に入り、フォーボーを注文すると、必ず訊いてきますよ。フォータイにするか、フォーチンにするかって。フォータイが生肉フォー、フォーチンがチャーシューを載せたフォー。牛肉の種類を訊いてくるんです。そうじゃないと、ベトナム人は納得しない。……わかりました。フォーの専門店に一緒に行ってみましょう」

知人が連れていってくれたのは、フォークインという店だった。ファングーラオ通りとドークァンダウ通りの交差点にある店だった。

この店はなかなか有名らしい。ガイドブックやブログにも登場している。フォートラベルの口コミでも紹介されているようで、欧米人の客も少なくないという。

かつては一階だけのフォー専門店だったが、ネットでの拡散で客が増えたのか、しばらく前に三階建てのビルになったのだという。在住日本人の間では、フォー御殿と呼ばれていた。

店に向かう前にレクチャーを受けた。スープや具の組み合わせだった。その日本人は、これから行くフォークインを想定して解説してくれた。

フォーはフォーボーとフォーガーにわかれる。フォーガーという鶏肉フォーは、単独峰のように単品メニューとして君臨している。組み合わせといっても、生卵を載せるか、載せないかの区別、野菜ぐらいしかない。組み合わせが多彩なのはフォーボー、牛肉フォーである。そしてこのフォーボーを頼むベトナム人のほうが圧倒

フォークイン。ビーフシチュー風フォーも有名だが、最初からそれを注文すると、フォーの奥義に辿り着けない

的に多い。
組み合わせの要素は次のようになる。
〈スープ〉
脂入り
脂抜き
〈具材〉
生肉
チャーシュー
軟骨
肉ダンゴ
生卵
牛の血卵（火を通した牛の血に生卵を入れたもの）
〈野菜〉
生モヤシ
茹でモヤシ

フォークインは茹でモヤシが黙っていても出てくるが、頼めば生モヤシにもなるという。

ベトナム人はこれを組み合わせて注文するわけだ。一種類とは限らない。具材は、「チャーシューと軟骨ね」などという。ホーチミンシティの暑さのなかで、その説明を受けたのだが、気が遠くなりそうだった。

その表情を確認したかのように、件《くだん》の日本人はしたり顔で救い船を出してくれる。

「フォークインはですね、注文があまりに煩雑になるのを防ぐために、組み合わせパターンのメニューがあるんです」

やはり、御殿を建てる人は違う。

こうして僕らはフォークインのテーブルに座った。英語が併記されたメニューが置かれた。順に追っていく。

01　フォータイ（生肉フォー）
02　フォーチン（チャーシューフォー）
03　フォーボーヴィエン（肉ダンゴフォー）

04　フォーガン（軟骨フォー）
05　フォータイチン（生肉＋チャーシューフォー）
06　フォータイボーヴィエン（生肉＋肉ダンゴフォー）
07　フォースペシャル（肉全種載せ）

料金は六万五千ドンから七万五千ドン、約三百二十六円から三百七十八円といったところだ。

案内してくれた日本人の顔をつい見つめてしまった。いったいどこがパターン化されたのだろうか。01から04は、ただフォーに肉類一種を載せただけではないか。たしかに05〜07まではパターン化されているのだが、あまりに単純である。07などは具を全部ぶち込んだだけである。この程度の組み合わせなら小学生でもできる。ベトナム人の頭のなかはこのぐらいのものなのだろうか。これで御殿が建ってしまう？

メニューを見ると、生卵と牛の血卵は別売りである。これらも加えたパターンをつくるべきではないか。そこにスープの種類も加えて……。僕の表情を読みとったのか、案内してくれた日本人は口を開いた。

フォーボーヴィエン、つまり肉ダンゴフォーに生卵を入れてもらったパターン

「いや、こう説明したほうがわかりやすいかと思いまして」

たしかにわかりやすいが、ベトナム語を話すことができない日本人は、01から07の注文で終わってしまう。ベトナム人のこだわりには達しない。

いや、僕はフォーをなにか特別な料理のように思い込んでいたのかもしれない。日本でいえば、立ち喰いそば感覚である。かきあげや卵などのトッピングを単純に考えればいい。そう考えれば納得はいくが、寂しさも残る。ベトナム人の舌はそのレベルではない予感がするのだ。

知人はテーブルの上にある調味料も説明してくれた。

「赤っぽいのはチリだれ、黒っぽいのはみそだれです。フォーの上からかけてスープの味を調える人もいますが、ベトナム人はあまりやりませんね。日本人はラーメンやそばなど濃いスープに慣れているので、そうする人が多いんですけど。多くは小皿に入れます。ここに、いっぱい小皿が積まれているでしょ。麺の上の具を箸でつまんで、たれにつけて食べるんです」

「だったら、別に盛ってもらったほうが……」

「それじゃ、フォーのスープの味がからまないじゃないですか」

「……」

やはりベトナム人の舌は肥えている。彼らは具の組み合わせをベースにして、自分のフォーをつくりあげていく。フォークインのメニューは、基本バージョンにすぎないということか。

老婆心のような気もしたが、スープの種類や、別売りメニューも加えて、ベトナム人が食べているフォーのパターンをつくってみようと思った。日本人向けといってもいい。

〈健康ダイエット志向フォー〉
　スープ：脂抜き
　具：生肉
　野菜：茹でモヤシ

〈ガッツリ系フォー〉
　スープ：脂入り
　具：チャーシュー　軟骨　牛の血卵
　野菜：生モヤシ

〈ノーマルフォー〉

スープ：脂入り
具：生卵（月見フォーのようになる）　肉ダンゴ
野菜：茹でモヤシ

それぞれを食べてみた。脂抜きスープと脂入りスープを飲み比べてみたが、その違い……首をひねってしまった。なんでも脂抜きを頼むと、調理場で表面に浮いた脂をすくうのだという。ただそれだけのことなのだ。スープをつくるところから脂を除いているわけではないからその違いはわずかのような気がする。しかしベトナム人は、その違いがしっかりわかるという。女性は圧倒的にこの脂抜きだという。少しでも脂が浮いていると、「ちゃんととって」と突き返すらしい。ダイエットを考えればわからないわけではないが。

牛の血卵は口にするのにやや勇気がいるが、食べてみるとなかなかいける。臭みはなにもない。意外にさっぱりとしているが、フォーに合うかというと疑問符がついてしまう。食べたかったら、フォーとは別に食べるほうがいいような気がした。

肉ダンゴははまりそうな味だった。肉の味がじわっと口のなかに広がる。一般の店ではこの肉ダンゴになかなか出合えない。フォークインの味といってもいいかも

健康ダイエット志向フォー。写真からはそう見えないかもしれませんが

しれない。

ベトナム人がよくやるという食べ方も試してみた。たれを小皿にとり、具を箸でつまんでちょこっとつけて……という食べ方である。これはいける。僕の口にはみそだれのほうが合った。とくにチャーシュー、肉ダンゴはたれが肉の味を引きたたせてくれる。

そのぶん、スープは淡白な味になる。しかし味にうるさいベトナム人にはこのほうが合っている……と納得してしまう。一杯のフォーで、いろいろな味を楽しめるのだ。

どんな店でも、フォーを頼むと、ライム、ノコギリコリアンダー、バジルの葉が皿に盛られて出てくる。ノコギリコリアンダーは適当にちぎり、バジルは葉をとって麺に載せ、その上からライムをかける。この葉物と、モヤシが、ベトナム料理は野菜がたっぷりというイメージを植えつけていった一因のように思う。

麺に野菜や葉物を載せ、ライムを絞り入れる食べ方は、なにもベトナムに限ったことではない。タイのクイッティオも葉物やライムを入れる。ラオスのカオソイは、ベトナム以上に野菜を入れる。しかしラオスに比べればベトナムを訪ねる日本人ははるかに多い。タイに滞在する日本人はベトナムより多いが、クイッティオに入れる野菜はそれほど多くない。そのあたりからフォーと野菜が結びついていった気がする。

バジルの種類はかなりある。タイやラオスで麺に入れるバジルに比べると、ベトナムのそれは味が強いように思う。このバジルが麺の味をかなり変える。麺と一緒にバジルを食べるわけだから、口中に広がる風味がだいぶ違う。それに比べると、ノコギリコリアンダーの風味は弱い。コリアンダーというのは、タイ語でいうとパクチーである。なぜか日本でもブームになっている。日本で口にするパクチーは、タイやラオスに比べると味が薄いが、ベトナムのそれはさらに風味が弱い。香草というより野菜に近い気がする。

ガッツリ系フォー。家系ラーメン派
には物足りないとは思いますが

僕はタイのクイッティオに親しんだせいか、バジルとノコギリコリアンダーの割合がどうもうまくいかない。これからベトナムに滞在するときは、毎日のようにフォーを口にして好みの割合を探らなくてはいけない。専門店のスープや具の組み合わせはかなりの数になる。加えて僕の場合は、バジルとノコギリコリアンダーのバランスも定まっていない。

ベトナム人の注文を見ていると、店で出されるフォーは基本であって、それにさまざまな注文をつけ、自分好みのフォーに近づけていく作業に映る。彼らには、フォーというものの絶対味覚のようなものがあるのかもしれない。

科学的に立証された絶対味覚というものはないと思う。音楽の世界でいう絶対音感から勝手につくった言葉だ。絶対音感というものも、専門家にいわせると、僕らの想像とは違うらしい。たとえば目の前のコップをスプーンでチンと叩く。さて、この音階は？と絶対音感のある人に訊いても答えることはできないという。コップを叩いて出る音には、さまざまな音が混ざっているからだ。その伝でいえば、フォーの絶対味覚などあり得ないことだと思う。フォーにはさまざまな味が絡みあっている。しかし、そうわかっていながら、ベトナム人には、味覚の絶対性があるような気がしてならないのだ。

二十年ほど前に中国から陸路でベトナムに入国したとき、ハノイから列車で南下していった。当時はバス便も少なく、LCCも就航していなかった。鉄道はいま以上の存在感があり、手に入れることができたのは、ハノイからフエまでのソフトシートという座席だった。ベトナムの列車はいまもそうなのだが、ハードシート、ソフトシート、ハードスリーパー、ソフトスリーパーに分かれている。順に、二等座席、一等座席、二等寝台、一等寝台というカテゴリーだ。ソフトシートは一等なのだが冷房はなく、鉄格子がはめられた窓から吹き込む風だけが頼りだった。暑い時期だった。あまり眠ることができず、うとうとしているうちに夜が明けてしまった。

職員が朝食の注文をとりにきた。腹もすいていたので頼んでみた。

しばらくすると台車を押して職員が現れた。そして発泡スチロールの容器を手に、いくつかの鍋からご飯やおかずを盛りはじめた。ご飯の入った容器のふたを開けると、むっと湯気がたちのぼった。炊きたてのご飯だった。三品ほどの料理が盛られたが、どれもつくりたてだった。そして最後に、椀型の容器を出し、そこに熱々のスープを注いでくれた。こんな車内食ははじめてだった。弁当スタイルの食事ではなく、乗客の目の前ですべての料理を盛るのだ。

その後、僕はさまざまな国の列車に乗ってきた。四、五十カ国の列車に乗り、車内で食事をしてきた。しかしいまだ、ベトナムのように、目の前で盛りつけるスタイルに出合ったことがない。ミャンマーの列車には、バケツのような入れもののなかにビニール袋に入ったおかずが入っていて、それを少しずつご飯の上に載せてくれる物売りがいる。しかしその料理は、どれも前につくったもので、できたてではない。ご飯もほんのり温かい程度だった。

しかしベトナムは、直前につくる上に、それぞれが熱々なのだ。車内の気温は三〇度を超えていた。風が吹き込むとはいえ、やはり暑い。そのなかで熱いスープを飲むと、一気に汗が噴きでてくる。

「なにもここまでやらなくても……」

熱いご飯を食べながら思ったものだった。

ベトナムは社会主義の国である。国鉄職員は公務員でもある。手抜き弁当を出したところで、誰も文句をいわないだろう。しかしここまでできたてにこだわっている。その後、何回かベトナムの列車に乗ったが、このスタイルは守られていた。

できたてでなくてはおいしくない。それは僕にもわかる。しかし、列車の車内販売の食事にここまでこだわるだろうか。フォーを注文するときのベトナム人の要求を目にしたとき、この車内食を思いだしてしまった。彼らには、絶対味覚のようなものがあるのではないか。

開高健が描いたベトナム戦争の従軍記のなかに有名な話がある。アメリカ軍と南ベトナム軍は共同で、反政府勢力の支配下の村を襲った。情報が漏れていたのか、村には誰もいなかった。キャンプに戻るために兵士たちは水田の間の道を進んでいた。すると鶏の鳴き声がする。南ベトナム軍の兵士が、村人が飼っていた鶏を盗んできたのだ。アメリカ兵が、「その鶏を殺せ」と伝えた。反政府勢力のベトコンが、水田に隠れている可能性があった。鶏の鳴き声は、兵士の位置を彼らに知らせてしまう。しかしその南ベトナム軍の兵士はこういった。

「まずくなる」

殺してからしばらくたった鶏肉は味が落ちる。そのあたりは僕もわかる。しかし正直なところ、絞めた直後の鶏肉としばらくたってからの鶏肉を、料理された状態で区別できるかどうかの自信は、僕にはない。本当においしい鶏肉を食べたことがないといわれればそれまでだが、襲撃されるかもしれない状況のなかでこだわるほど味が違うのかどうか……僕にはわからない。しかし南ベトナム軍の兵士は知っていたのだろう。彼には鶏肉の絶対味覚があったのかもしれない。

フォークインで、さまざまなバージョンのフォーを食べた。こだわるベトナム人には申し訳ないが、その違いがどうしてもピンとこなかった。脂抜きスープと脂入りスープの違いは微妙すぎる。軟骨そのものはしっかりとした味だが、フォーとの取り合わせに必然は感じとれない。モヤシにしても生でもいいし、茹でてもいい。だいたい生のモヤシを麺に浸すわけだから、スープの熱でしんなりとしてくる。その差も区別がつきにくくなる。

やはり僕にはフォーの絶対味覚がないということだろうか。ベトナム人のフォーへのこだわりを、ある種の保守性と見る向きもある。もっとさまざまな国の料理に触れていけば、味覚の領域が広がり、フォーの味への許容力が備わってくるのではないか……と。しかしその分析も少し違う気がする。

フォークインのテーブルで、ベトナム人のフォーへのこだわりを習った。しかし突きつけられたのは、僕の味覚の曖昧さだった。

整備された空港バスが教えてくれるベトナム絶頂期

ホーチミンシティのタンソンニャット空港が変わった。新しいターミナルができたといった話ではない。空港で繰り広げなくてはならなかったタクシー争奪戦が消えた。

以前、『週末ベトナムでちょっと一服』（朝日文庫）を書いた。そのなかで、タンソンニャット空港から市内に向かう一五二番のバスに触れている。これはエアポートバスというより路線バスで、運賃は五千ドン、約二十五円という安さだった。しかしこのバスに乗るのは、僕のようにバックパッカー旅が骨まで浸み込んでしまった男のすることのようだった。出版後に何回か一五二番のバスに乗ったが、日本人の姿は目にしなかった。たまに大きなザックを背負った欧米人バックパッカーを見かける程度だった。

ところが今回、タンソンニャット空港に降りたつと、バスステーションというブースがあった。

「デタム通りに行きたいんですが」

と訊くと、女性スタッフの英語が返ってきた。

「一〇九番が便利です。運賃は二万ドンです」

「一〇九番？」

「ここで待っていてください」

ブースで二万ドン、約百円の切符を買った。バスはすぐにやってきた。冷房も効いている。車掌も英語を操った。

三十分ほどで、デタム通りに近いファングーラオというバス停に着いてしまった。訊くと午前零時まで運行しているという。

一五二番のバスは安かったが、不便だった。路線バスだからやたらと時間がかかった。そして日が暮れると終わってしまった。しかし一〇九番のバスは違った。エアポートバスに近かった。後で調べると、ほかにいくつかの路線もあるようだった。二〇一六年に運行がはじまっていた。

『週末ベトナムでちょっと一服』が発行された二〇一四年、ホーチミンシティは、市内バスの端境期《はざかいき》だった気がする。ホーチミンシティの人々は利用していたが、外国人旅行者で利用するのは、バックパッカー系の旅行者に限られていた。その後、ルートや表示も整備され、インターネットで検索もできるように

152番のバス。運賃があがり、夜も走るようになった

109番バスの車内。まだ知名度が低いのか、利用客は多くない

なった。一般的な外国人旅行者を意識した乗り物に変わりつつあったのだ。

以前から、空港から市内に向かうバスにこだわったのにはわけがあった。タンソンニャット空港のタクシーは質が悪かったのだ。ぼられることも多かった。

僕はいつも三階の出発階にあがった。ここに客を乗せてやってくるきちんと運賃メーターを使ってくれるタクシーをつかまえようとしたのだ。ぼられるのは、外国人だけではなかった。ベトナム人も被害に遭っているようで、彼らもぞろぞろと三階にあがった。

ぼらないタクシーとして名前が知られていたのがヴィナサンタクシーだった。誰もが、客を乗せてスロープをあがってくるタクシーに目を凝らした。

「ヴィナサンだ」

とわかると、ベトナム人は日頃の暮らしでは見せない俊敏さを発揮して駆けだした。悪質なタクシーのなかには、ヴィナサンタクシーに似たロゴマークを車体に貼るという姑息な手段に出る会社もあったから、かなりの視力も必要だった。ホーチミンシティの人々は、日々、このタクシー選びを強いられているから反応も早い。いつもスタートダッシュで差をつけられた。

「またダメか……」

蒸し暑いタンソンニャット空港で天を仰ぐことになる。アジアのエネルギーに負け、ついて出るのは溜め息ばかりだった。そこでバスを覚えた。しかし日も落ちると、バスもなくなってしまう。混沌としたタクシー争奪戦に身を投じなければならなかった。

しかし一〇九番をはじめとするエアポートバスに似たバスの運行が開始され、タクシーをめぐって弾けていたアジアのエネルギーが一気に消えてしまった。気が抜けるほど簡単に、そして快適に市街地に着いてしまう。ヴィナサンタクシーに乗っても、十二万ドン、六百円ほどがかかったから、二万ドンのバスは助かる。しかし、一抹の寂しさも感じてしまう。

「あの時代は終わったな」

快適な一〇九番のバスのなかで呟《つぶや》いてしまう。

空港から市内へ、公共の足が整備されることはありがたかった。それを批判するつもりはない。理不尽に高いタクシー代に悩み、なんとか運賃メーターを使ってくれるタクシーを選ぼうと、アジアのエネルギーのなかに飛び込んでいく。それは大変なことだった。しかしその熱が消えたいま、ベトナムは次の時代に入ってきたことを教えられるのだ。

空港が混沌としていた時代、ベトナムは最も発展していた気がする。外国人のための市内への足を整えることなど頭のなかになく、次々に生まれる新しい仕事に汗を流していたのだ。そのエネルギーもピークを迎えたということだろうか。街や人々の間に余裕が生まれたということかもしれない。

次章のデタム界隈の話で触れることになるが、いまのホーチミンシティは、絶頂期を迎えている。しかしその先に待っているのは、解決の糸口すらみつからない国の矛盾である。

その予感を一〇九番のバスは漂わせている。

ホーチミンシティでは地下鉄工事もはじまっている。六路線の地下鉄網で、まず一路線をつくり……といった進み方ではない。工事が進んでいるのは、一号線と二号線。二号線はベンタイン市場とタンソンニャット空港を結ぶ。一〇九番のバスも、やがては地下鉄に替わっていくかもしれない。

ハノイでは高架電車の駅を目にするようになった。地下鉄、高架電車、路面電車を組み合わせた都市交通建設が進んでいるからだ。二〇二〇年の完成予定といわれているが、かなり遅れるのではないか……ともいわれている。

第三章　デタム界隈

世界一のバックパッカー街のベトナム人たち

この原稿をホーチミンシティのデタム通りから少し離れた宿で書いている。原稿は基本的に東京の自宅で書いているが、今回はなんとか五日間の日程をやりくりし、ホーチミンシティの宿で缶詰状態になることにした。

昨日の午後、水を買いに近くの売店まで行った。通りを日本からやってきた若い夫婦が歩いていた。カフェに向けてスマホのシャッターを押し、フォー屋の前でまた立ち止まる。

「あれがフォー屋さん?」

そういってまたスマホを向ける。奥さんの視線が好奇心で輝いている。その脇を追い抜きながら、ホーチミンシティで缶詰状態になるもんじゃないな……と呟《つぶや》いてしまう。もっと人里離れた宿にこもったほうがいいのかもしれない。

二週間ほど前もデタム界隈に泊まっていた。阿部カメラマンと一緒だった。デタム通りの一本裏になる路地に面した宿だった。いつも泊まる宿だったが、経営者が代わったようで、違うホテル名になり、宿代も値あがりした。ツインの部屋が四十ドルになっていた。ベトナムではアメリカドルも流通していて、ホテル代や航空運賃など高額なものはアメリカドルで表記されることが多い。食堂などは、以前よりドン表示が増えているが、アメリカドルで支払いはできる。一ドルは二〇一八年一月現在約一一二・七円である。

今回はデタム通りから少し離れようと思った。静かになり、ホテル代も安くなるはずだった。デタム通り界隈には、二、三百軒の小さな宿がひしめいている。一泊六ドル、七ドルといったドミトリー宿から、百ドル近い宿もある。ドミトリーというのは、大部屋にいくつものベッドが置かれたタイプで、客はベッドひとつに宿泊代を払う。

どの宿にしようか。ホーチミンシティに住む知人に訊いてみた。条件は一泊二十ドル前後で、部屋が明るく、できれば原稿を書く机があること……。彼も原稿を書く仕事に携わっていた。以前、彼の自宅一帯が停電になったことがあったという。そんなとき仕事ができるホテルを知っていると好都合らしい。自分のためにも探してみます……とメールで伝えてくれた。彼は三軒の宿に足を運んでくれた。その一軒が、MARIE-LINE HOTELという、いま、原稿を書いている宿である。ホーチミンシティのタンソンニャット空港に着き、一〇九番のバスに乗り、終点の九月二十三日公園のバスターミナルまで行った。前回はひとつ手前のファングーラオというバス停で降りた。デタム通りに行くにはこのほうが近かったが、今回はデタム通りから少し離れたエリアに泊まろうと思っていた。

紹介されたなかのMARIE-LINE HOTELにまず訊いてみた。一泊二十五ドルだった。部屋を見せてもらった。ちゃんとテーブルがある。しかし室内がやや暗かった。着いたのは夕暮れどきで、そろそろネオンが光りはじめる時間帯だった。デタム通り界隈は、細い路地に沿って、四、五階建ての宿や旅行会社、レストランやバーがぎっしりと連なっている。最上階に行かなければ日は差し込まない。しかしほとんどの建物にエレベーターがないから、上階に行くほど大変になる。見せてもらったのは三階の部屋だった。五泊もするから、少し注文を口にしてみた。まず宿代を交渉した。一泊二十三ドルになった。そして、テーブルにライトがないだろうか、といってみた。電灯をつけたが、老眼にはやはりつらい。

「ライト……明日買ってきます」

そこまでいわれるともう断わるのも難しくなってしまった。ほかに二軒を紹介されていたのだが、一軒目で決めてしまった。

応対してくれたのはフロントにいた三十歳前後の女性だった。なかなかしっかり

デタム界隈の宿で4、5階に泊まった経験者なら必ず足を止めるホテル名？

とした英語を口にした。十部屋ほどの小さなホテルである。フランスパンに卵などがついた朝食込みの料金だった。二階のフロントには、いつもコーヒーとお茶が用意されていた。部屋で飲んでもいいという。冷蔵庫やエアコンもついている。缶詰部屋としたら、まずまずの条件だった。

部屋にこもって原稿を書く日々——。それは傍《はた》から見れば単調なものだった。目を覚まし、シャワーを浴び、二階で朝食をとる。コーヒーを注いで部屋に戻り、ひたすら原稿を書く。昼は近くの店でフォーかブン。それから部屋に戻って原稿を書き続ける。

デタム界隈のよさは、食堂やレストランが夜遅くまで開いていることだった。二十四時間の店もちらほらある。コンビニも多いから時間を気にすることはなかった。夜の十時までは仕事をすることに決めた。一日に四百字詰めの原稿用紙で十五枚を超える量を書くと、さすがに脳細胞に鬆《す》が入ったような状態になる。そうなると原稿もなかなか進まない。

半ば諦めたようにシャープペンを置く。時代遅れという誹《そし》りは耳に痛いが、十年ほど前から、僕は原稿用紙にシャープペンで書き綴るようになってしまった。サンダルを履き、夜の街に出る。といっても行く店は決まっている。デタム通り

並んだ２軒のカフェ。冷房はない。入口は開け放たれているが、なぜか静か

CONCAFE の店内。５日間、毎日、このテーブルでビールを飲んでいた

に面したCONCAFEという店だ。とにかく騒がしいデタム界隈の店のなかで、この店と隣のSa Sa Caféだけが、まるでエアポケットのように静かなのだ。宿から路地を抜けると、ファングーラオ通りに出る。そこにあるのがTHE HIDEOUTというクラブだった。店の前にはいつも、二、三十人の欧米人が騒いでいる。その脇を通りながら、毎日のように呟く言葉がある。

「ここはかつてのカオサンだ」

カオサンはタイのバンコクにあるバックパッカー街である。アジア一、いや世界一のバックパッカー街といわれていた。

はじめてホーチミンシティを訪ねたのは一九九二年である。そのとき、ひとりの日本人バックパッカーと一緒だった。まだデタム通りに欧米人向けの安宿やレストランはなかった。ファングーラオ通りに面して、旧国営のにおいがするホテルがあり、そこにエアコンのない安い部屋やドミトリーができつつある時期だった。ザックを背負った若者はそこに泊まっていた。僕もそのなかの一軒、バックパッカー宿の草分けともいえるVIEN DONG HOTELに泊まった。同行していた日本人がこういったものだった。

「この一帯は、やがてバンコクのカオサンのようになりますよ」

デタム界隈。宿探しに苦労しない理由、写真を見ればわかるはず

それから二十数年、デタム界隈はカオサンを凌ぐバックパッカー街になった。バックパッカーの数からいえば、いまだにバンコクのほうが多いだろう。しかし、彼らが泊まる宿はバンコク市内に分散し、カオサンは求心力を失っていた。その要因は「エアビーアンドビー」というサイトで紹介される民泊タイプの新しい宿や、新しい設備を調えたゲストハウスが、カオサン以外のエリアに、まるで雨後の筍のように生まれたことだった。それを支えたのがインターネットだった。バックパッカーたちも、ネットを通して、事前に宿の予約を入れるようになっていく。カオサンの宿は、この予約システムの導

入が遅れた。予約なしでやってくる客を相手にしていたからだ。

カオサンというエリアには、何百軒ものゲストハウスがひしめいていた。予約なしなくても、このエリアに辿り着けば簡単にベッドを確保できた。一軒の宿が満室でも、その隣の宿に訊けばよかった。

しかしバックパッカーも世代が変わっていく。若い旅人は、カオサンというエリアの便利さや快適さを知っているわけではない。知識がない段階で宿の予約をはじめる。バンコクという街を知らないわけだから、値段や駅からの距離、設備などで決めていってしまう。バンコクに詳しい人に訊いたり、旅行者が多いエリアを調べていけば、カオサンという地名に辿り着くのかもしれないが、多くがその前の段階で予約を入れてしまう。カオサンにやってくるバックパッカーがしだいに少なくなっていった。

日本の若者も減っていった。一時、バックパッカー旅が日本でブームになったことがあった。しかしやはりブームにすぎなかった。欧米社会のように、若いときに海外を歩いておくという伝統が日本にはなかった。ブームが去ると、海外に旅に出る若者は一気に減っていく。とはいえ、旅に出る日本人の若者が皆無になったわけではない。しかしそんな若者たちも、宿をネットで予約していく。最近のカオサン

デタム通りになぜか植木屋。この一帯は外国人エリアだが、下町でもある

土産物、DVD、本……。次々に物売りが現れる。ほとんど売れない

では、日本人の姿をめったに目にしない。

インターネットというものは画期的な通信ツールである。その発明は、産業革命に匹敵するという人もいる。その影響力は強く、ひとつの街の勢いを消し去ってしまうほどだ。カオサンはその典型でもあった。

ホーチミンシティは、民宿や新タイプのゲストハウスがバンコクほど発達していない。カオサンが衰退したことで、デタム界隈はアジア一のゲストハウス街に押しあげられてしまった。つまり世界一のバックパッカー街になったのだ。

ファングーラオ通りの歩道をデタム通りに向かって進む。といっても、道は歩きにくい。かなりの数のバイクが停まっている。そのなかの男が、「レディ」とか「マリファナ」などと声をかけてくる。この界隈からベトナム各地やカンボジアのプノンペンに向けて出発するツアーバスも少なくない。それに乗り込もうとする人たちが歩道に集まっている。バックパッカーもいるが、多くはベトナム人だ。彼らの荷物は多く、それをバスの荷物室に男たちが積み込んでいる。歩道は人でいっぱいだから、車道を少し歩く。横をバイクがすり抜け、ときに歩道に乗りあげて停車する。なかなか思うようには進めない。水の入ったペットボトルを手にしたバックパッカーのカップルが歩いてくる。タバコや水を売る露店が歩道の半分ぐらいを埋めている。そこにいるおばさんは、ビーチチェアに体を預けて眠り呆けている。歩道は人ひとりがやっと歩けるほどの狭さになってしまっている。

「かつてのカオサンがそうだった」

なにかを確かめるようにデタム通りをめざして進んでいく。この雑踏に猥雑としたねっとりとした空気……。まるで昔のカオサンがホーチミンシティのデタム界隈に移ったような気になってくる。

あの頃のカオサンは熱気があった。

僕がバンコクをはじめて訪ねた頃、カオサンのゲストハウス街はまだなかった。僕の根城はマレーシアホテルの周りに広がっていたゲストハウスだった。そのなかから、日本人旅行者が中華街に移っていった。楽宮旅社とジュライホテルが日本人バックパッカーの居場所だった。僕も中華街の安宿にはよく泊まった。カオサンの噂を聞いたのはその頃だった。

その後、僕はバンコクに移り住むことになる。日本からやってくるバックパッカー系の知人たちは皆、カオサンに泊まっていた。僕はしばしば、彼らを訪ねてカオサンに足を踏み入れた。当時はインターネットもなかった。メールもないから、電話で聞いたゲストハウス名や通りを頼りに宿を探した。やはり歩道をなかなか進めなかった。屋台が雑然と店を出し、その間を、物売りが泳ぐように歩いていた。ぷらぷらと歩くバックパッカーが多く、まるで毎日が祭りのようだった。

いまのデタム界隈を歩くと、あの頃のカオサンが蘇ってくる。

「カオサンの宿が好きっていうわけじゃないんだ。安いことは助かるけどね。気に入っているのは、カオサンって街の空気なんだ。ちゃんとしたバックパッカーは、インドとかカンボジアを歩いてカオサンに辿り着く。ここで休養だよな。カオサンにはなんでもあるからね。かと思うとこの街に沈没している奴もいる。そういう外国人をすべて呑み込んで、ざわざわとした毎日がすぎていく。こんな街、日本にはできないと思うな。きっと不良外国人の巣窟とかいって白い目を向けてくる。カオサンに来ると、そういう社会から脱出したことがわかるんだよ。ゆるい社会に入ったってね」

ようやく辿り着いたゲストハウスで会った知人は、屋台でビールを呷《あお》りながら語りかけてきたものだった。日本にも多くのカオサンファンがいた。彼らはバンコクというより、カオサンに行きたくてバンコクに向かった。カオサンはバックパッカーの聖地と呼ばれた。いまやその役割をデタム界隈が担いつつある。聖地とはいつも猥雑な場所らしい。

やっとデタム通りに出、しばらく歩いてCONCAFEのテーブルに座る。サイゴンビールを一本。この店は一本一万ドン、約五十円。周囲の店よりは安い。

宿からこの店に行くにはいくつかの道がある。ヴィビエン通りを歩くこともできた。しかしその通りはいつも避けてしまう。あまりに騒々しいのだ。

ヴィビエン通りに沿って十軒ほどのクラブが並んでいた。扉は開け放たれ、その前を歩くと服が揺れるほどの大音響に包まれる。もちろんほかの音はまったく聞こえないから、隣の人との会話も、音が途切れるちょっとしたあい間に交わすしかない。店内にはレーザー光線が飛び交っている。一分も前に立っていたら、しばらく耳鳴りが残ってしまいそうな音の圧力だった。その前を歩かなくてはならない。

クラブがひしめく手前には、ビールを出す店が連なっているが、客が増えると一列、もっと集まるとさらに一列……といった具合に、椅子の列がヴィビエン通りにせり出していく。両側にその種の店があり、幅十メートルほどの通りはどんどん狭くなっていく。

最前列に座った客は、反対側からせり出してきた椅子に座った客とお見合い状態になってしまう。しかしこの通りは、歩行者天国になっているわけではない。せばまった中央部分を、バイクが通るのだが、当然、渋滞になり、バイクの列は遅々と

大音響がヴィビエン通りや店を包む。歩くだけでへろへろになる

HOTEL
HOTEL & TOUR

して進まない。困ったことに、そこに車も入ってくる。中央の部分は、車一台分ほどの幅しかなく、一分で一メートルも進まない状態になってしまう。道を歩く人は、そのすき間を、身をよじるようにして進むしかない。

鬱陶しいことに、そこに短いタイトなスカートに、肩をむきだしにした制服を着たマッサージ店の女性が絡んでくる。彼女らは必死にマッサージのメニューを掲げ、客に誘いをかけてくる。相当に危しげな雰囲気で、つい胸の谷間に視線が向き、足が停まってしまうと、前からやってくるバイクのクラクションが響く。そんな世界が、そう、四、五百メートルは続くのだ。

よく見ると、こういった店を埋めているのは欧米人バックパッカーより、ベトナムの若者たちが多い。大音響のなか、まったく進まないバイクの列を眺めながらビールを飲んで、いったいなにが楽しいのかと、六十歳をすぎた日本人は溜め息をついてしまうのだが、彼らの目はキラキラと輝いている。

喧噪を避けようと路地に入ると、そこにも小さなテーブルが並び、ベトナムの若者たちの笑い声が響いている。

二週間ほど前、十時すぎにこの通りに迷い込んでしまったことがあった。前にも進めず、後ろにも戻れず、ごみ箱の脇に身を隠すように立っていた。目の前を五人の女性たちが、どこかおどおどとした表情で立っている。服装は地方都市から出てきた女性のように地味だったが、胸のボタンを普通よりひとつ下まではずし、スカートにはスリットが入っている女性もいる。

「彼女たち、ヴィビエンデビューですよね」

近くで人混みに押されながらシャッターを切っていた阿部カメラマンに声をかける。

「初々しいものね」

六十代の旅行作家と、五十代のカメラマンは、いったいこの通りでなにをしているのかとも思う。

しばらく眺めていると、スーツ姿の集団も現れた。いかにも出張でホーチミンシティにやってきたといったベトナム人のおじさんたちである。どうもこの通りのはちゃめちゃな喧噪はベトナムのなかではかなり知られているようだった。ホーチミンシティに行ったら夜は……。もう観光地にもなっていた。

僕と阿部カメラマンは、わずかなすき間をみつけて前に進み、バイクの間を体をよじらせて移動し、なんとかヴィビエン通りとデタム通りの交差点まで出た。そのとき泊まっていたホテルは、この交差点に近かった。

「ふーっ」

互いに溜め息をつき、通りを見ると、露出の多い服を着た女性を後部座席に乗せた若者のバイクが次々に現れる。目の前にタクシーが停まり、そのなかから、短いスカートの女性がぞろぞろと降りてくる。数えると七人も乗っていた。皆、着飾ってヴィビエンに集まってきていた。そのエネルギーが通りに弾けている。

デタム通りやヴィビエン通り、そしてファングーラオ通りは、バックパッカーの街だった。そして欧米人が集まる一帯が、ベトナムの若者も引きつけていく。カオサンも同じだった。外国人エリアは、背のびをしたい現地の若者の遊び場に変わっていく。

ベトナム人だから、欧米人のようにクラブでばか騒ぎはしない。しかし欧米人に比べたら小振りの体から発散されるエネルギーは、欧米人のそれをはるかに超えている。

クラブでビール壜を片手に騒ぐ欧米人の姿は、遠い昔に高度成長を迎えた国の若者のカラ元気に映る。生まれたときから経済成長には縁がなく、いい目を見たことはない。しかし高齢化社会は、税金という名前になって生活に迫ってくる。旅先の

ヴィビエン通りの夜は危なげな高度経済成長のにおいがする

ベトナムで、大騒ぎでもしないとやっていけないやけっぱちなパワーなのだ。

しかしベトナムは違う。毎年、確実に給料はあがっている。ヴィビエンに遊びにくる若者の月給は、三百ドルから四百ドルといわれる。その額は欧米や日本に比べると少ないかもしれないが、来年、給料があがるとわかっている若者が内包するパワーは違う。着飾って遊ぶヴィビエンの夜は楽しくてしかたない。

月給が千ドル近いというベトナム人女性がこんな話をしてくれたことがある。

「ブランドのバッグが、月給の二五パーセントなら……買いますね」

週末になるとショッピングモールにバイクで向かう。買い物が楽しくてしかたないらしい。ショッピングを楽しめる財力をベトナム人は手にしつつある。旺盛な購買欲が社会を活気づける。

月給が千ドルといっても、ベトナムの会社では、さまざまな手当がつく。昼食手当に通勤のバイクのガソリン代手当……。テトといわれる旧正月の前には一カ月分の給与が渡される。業績がよければ、さらにボーナス、そう考えれば、彼女の給料は月に千三百ドルから千四百ドルといったところらしい。そしてその額が毎年、あがっていく……。

僕はCONCAFEのテーブルに座り、ビールを啜《すす》る。この店は、行き場のない年老いた欧米人旅行者の溜まり場でもある。ヴィビエン通りの喧噪にはとてもついていけず、通りに弾けるエネルギーにも尻ごみしてしまう彼らは、ビールが安く、静かなこの店にふらふらと集まってくる。

いや、僕自身がそうなのだ。十代のときに高度成長を経験している。しかしバブルが弾けて以来、いいことはあまりない。こうしてデタム界隈の宿にこもり、原稿を書いているが、できあがった本の収入は、年を追って減りつつある。

この店を教えてくれたのは、僕より五歳ほど年下の日本人だった。彼は日本でスポーツ用品の販売会社を経営していた。しかし過剰投資が裏目に出て倒産の憂き目を見てしまった。自己破産が受け入れられたが、幸いパスポートはとりあげられなかった。することはなにもなく、わずかな金でベトナムにやってきた。彼はフエの街で元気をもらった。たまたま知りあったベトナム人から、フエにやってくる日本人をガイドする仕事をもらったのだ。

それはたいした額ではなかったが、まだ稼げることをベトナム人は教えてくれた。

「ベトナムで元気をもらいました。まだ収入は少ないけど、なんとかやっていく気力が出てきた。ホーチミンシティでは、デタム通りの裏通りにあるゲストハウスに泊まっています。一泊七ドル。一日、二十ドルで暮らすように心がけてるんです。下川さんみたいに、貧しい旅ができないといけないって、自分にいい聞かせてね。この店、ビールが安いんですよ」

十年ほど前の話だ。彼とは最近、連絡をとっていないが、仕事はうまくいっているのだろうか。彼はベトナム人に元気をもらったといっていたが、当時、すでに賑わいはじめていたヴィビエン通りにはついていけず、CONCAFEでビールをちびちび飲んでいたのだ。いまのベトナムのパワーについていける人はそう多くない。いまが絶頂なのかもしれないが、その迫力には腰が引けてしまう。

ヴィビエン通りの裏筋はこんな
世界。ここからも高度経済成長
のにおいがする

ぼんやりとデタム通りを眺める。今日は十一枚しか書けなかった。先はまだ長い。

ときおり、扇子やキーホルダーなどを籠に入れた物売りおばちゃんが現れる。続いて店に入ってきたのはＤＶＤ売りの女性だった。互いにもう顔見知りだ。僕が買わないことも知っている。だいたい、彼女らが抱える品が売れたところを見たこともない。

しかし彼女たちは諦めず、デタム界隈の喧噪のなかを泳ぐように歩いていく。

店のテーブルを埋める欧米人たちは、ただ黙ってビールを飲んでいる。金があまりないのだろうか。料理ひとつ注文しない。彼らの過去は知らないが、デタム界隈を嫌っているわけでもなさそうだ。

僕もこの街が嫌いではない。

ビザの三十日ルールは巧妙な値あげ策？

二〇一五年の一月一日、ベトナム入国時の新しいルールが発表された。日本人は、出国する航空券があれば、ビザがなくても十五日の滞在が許可される。そのビザ免除に変わりはないのだが、この状態で入国し、出国すると、それから三十日間はベトナムに入国できないというルールが加わったのだ。

ビザなしでたびたび入国することができなくなった。ビジネスマンは頭を抱えた。旅行者も困った。日本人旅行者の場合、ベトナムとカンボジアを組み合わせた旅行をする人が多い。ベトナム航空を利用すると安くあがるコースだった。行きでハノイを訪ね、続いてカンボジアのアンコールワット。ここまではいいのだが、その先、ホーチミンシティに寄って日本に帰ることができなくなった。ホーチミンシティを訪ねるためには、カンボジアに三十日以上、滞在しなくてはならない。現実的な話ではなかった。

観光という面を考えれば、マイナス材料になるこの新ルール。なぜベトナム政府はこの規約を盛り込んだのか。憶測が飛び交った。

ベトナムは北側で中国と接していた。中国人はビザ免除の対象になっていないが、中国とベトナムは裏がある政府である。それを巧みに使って出入国を繰り返す中国人が多いという話があった。そんな中国人対策という噂も流れた。韓国人もこの種の問題ではしばしばトラブルを起こしていた。つまり、そのとばっちりを日本人が受けたというシナリオだった。もっとも日本人のビジネスマンのなかにも、ビザ免除を利用して月に何回もベトナムを訪ねる人がいたから、あまり大きなことはいえなかった。

もうひとつはベトナム政府の減収対策である。ビザ免除によってビザ代という収入がなくなる。ベトナムのビザはかなり不明朗で、裏金も飛び交う。役人たちのポケットマネーにもなっていたからだ。三十日以内に再入国するためには、ビザをとらなくてはいけないからだ。

この三十日ルールについて、日本大使館がベトナム政府にかけあい、三十日以内に入国する場合は、空港で到着ビザをとることができるようになった。その料金は五ドル。日本大使館のホームページにもそう明記されている。

しかしここから先はベトナム問題に入り込む。日本政府とベトナム政府の合意が、空港の職員に正確に伝わっていなかったのか、あるいはポケットマネーがほしいのか……とにかく到着ビザはトラブルが相次いだ。三時間以上待たされることは珍しくなかった。五ドルという料金はまったく無視され、四十ドルや六十ドルという請求を受けた人もいた。

そこに入り込んできたのが、空港での到着ビザ取得の代行会社だった。ベトナム政府とどういうつながりがあるかはわからないが、その代行会社に依頼して代金を払うと、招聘状がメールで送られてくる。それをプリントして、到着ビザオフィスに持参すると、五十ドルほどで到着ビザを受けとることができるシステムだった。ハノイやホーチミンシティの空港に到着すると、名前が書かれた紙を掲げる男性が何人もいる。彼らが代行会社のスタッフだった。彼らと一緒に到着ビザを申請するとスムーズにことが運ぶ。代行会社のサービスだった。

今回、僕もこの三十日ルールの対象になってしまう。ビザをとらなくてはいけないが、なんとか安くあげたかった。そこでわかってきたのは、実に不可解で不明朗なベトナムビザの世界だった。

僕にはいつくかのビザ取得方法があった。最も一般的といわれる到着ビザ取得代行会社への依頼もそのひとつだった。調べてみると、代行会社への手数料は一万円以上した。そこに到着ビザの代金が加わってくる。一万五千円ほどが必要だった。

正規のビザを取得するという方法もあった。僕はベトナムからカンボジアを経て、いったん日本に帰国するつもりだった。日本のベトナム大使館でビザをとることができた。ベトナム大使館のホームページを開く。しかし不思議なことに、そこにはビザ代金が書かれていなかった。ベトナムに滞在中に調べたので、大使館に電話をかけて訊く方法もとりにくかった。

日本のベトナム大使館でビザをとったブログなども見てみたが、料金はまちまちだった。いったいいつの記録なのかわからないものも多いが、五、六千円から一万五千円までの開きがあった。ほかの国のビザ取得代を考えればかなり高い。一万五千円とすると、到着ビザの代行業者に依頼する額と大差はない。

ベトナム大使館のホームページを見てみると、電子申請もあることがわかった。ブログなどを見ると、この方法で、カンボジアのプノンペンのベトナム大使館に申請すると二十五ドルという記述があった。

これが僕向きだと思った。二十五ドルという額の確証はなかったが、ベトナムからいったんカンボジアに入り、再びベトナムに入国する旅行者は多いはずだ。プノンペンでベトナムビザをとる方法が旅人向きだった。

ベトナム滞在中、ベトナムビザをネットで申請した。そのページを開くと、十五分で入力を終えないと、最初からやり直すことになると記されている。従うしかない。なんとか記入を終え、送信した。ビザの受けとりは、プノンペンのベトナム大使館にした。ほどなくして返信メールが届いた。ビザ申請を受理したことが記され、そこに番号も明記されている。この番号を、プノンペンのベトナム大使館に伝えれば、ビザを受けとることができる……僕はそう思い込んでいた。

ベトナムから陸路でカンボジアに入った。シェムリアップなどをまわり、プノンペンに出た。そして朝八時、ベトナム大使館のビザオフィスに入った。窓口の職員に、返信されたメールを見せた。職員はそれをしばらく眺め、こういった。

「うちはこの申請を受けつけていません。そこにある申請用紙に書き込んで出してください」

「……」

十五分で記入しろというなかで、あせあせと打ち込んだ努力はなんだったの

プノンペンのベトナム大使館。威圧感たっぷりの建物だ

建物の隅にあるビザオフィスは午前８時前に開いたのだが……

か。ちゃんと返信メールまで来たというのに、それは無効だという。

しかたない。申請用紙に書き込むしかない。それを提出すると、窓に貼りだしてある料金表を指差した。

「観光のシングルビザですから四十ドルです」

「あの……二十五ドルでは」

「値あがりしました。四十ドルです」

「今日、受けとりたいんです」

「今日？　だったらプラス十五ドル。五十五ドルです」

支払うしかなかった。一時間ほどでできるという。

ビザは問題なく受けとることができた。値あがりしていたものの、三日後のビザ受けとりにすれば四十ドルですむ。ベトナムとカンボジアをまわる節約歩調の旅行者なら、これが最安値という気がする。

第四章　ダラット

歴史のない街の居心地のよさ

気になる街があった。

　高原にあるというダラットだった。

　ホーチミンシティの暑い夜、路上にせり出した店でビールを飲む。やはり暑い。ビールを飲むと汗が出ることがわかっていながら、ビールに氷を入れたコップを手にしてしまう。

「ダラットは涼しいそうです」

「なにしろ標高が一五〇〇メートルですからね」

「一五〇〇メートル？　日本の上高地と同じじゃないですか」

「日本と比べてもしかたないと思うけど。でも、あそこ、ベトナム人の若いカップルばかりだって聞きますよ。夏の軽井沢みたいなところかも。下川さんには……」

「僕には向かないってこと？」

「いや、そういっているわけじゃないけど」

　中年男たちの会話は、バイクの騒音が渦巻く歩道の上を空まわりするばかりだ。

だいたい皆、ダラットという街へ行ったことがない。小さなテーブルを囲むメンバーは、現地のフリーペーパーや旅行情報誌にかかわっている。ホイアンやフエ、メコンデルタなどは何回も行っているというのに、ダラットは知らない。おそらく女性スタッフが取材に出るのだろう。

五十代の頃に自分の年齢とか風態が気になった時期がある。白髪が増え、髪の毛がぽわぽわしてきた。筋力が落ち、膝があがらなくなったのか、よく路上で躓《つまず》く。口の悪い大学時代からの友人がこんなことをいう。

「年をとったら、それまで以上に身だしなみや体に気をつけないといけないんだよ。髪がぽわぽわしてきたら整髪剤を使う。筋力が落ちてきたと思ったらスポーツジムに通う……。だいたいおまえは、その髭《ひげ》だろ。一回、駅で待ち合わせたとき、浮浪者に見えたことあったもんな」

整髪剤――。そういえば十代の頃、バイタリスという整髪剤を髪の毛にふりかけていたことがあった。三十歳をすぎた頃から、すっかり縁がなくなってしまった。いったいどこに売っているのかわからず、妻に訊くと、駅前のドラッグストアにいっぱい並んでいるという。出向いてひとつ買ってみたが、髪がバリバリになるだけだった。

あの頃、ダラットの話を聞いたら、やはり僕には不似合いな街に思えたかもしれない。

しかし六十歳という大台に乗ると、そういうことも気にならなくなってしまう。つまりはそれが老人ということなのかもしれないが、ダラットは若いカップルが多いといわれても平然と街を歩くことができる気がする。涼しくて、夜もぐっすり眠れるのならいいじゃない……。他人の目というものが、あまり視界に入らなくなってきている。これが老醜ということか……。

ホーチミンシティのミエンドンバスターミナルから、ダラット行きのマイクロバスに乗った。朝早くに起き、六時発のバスの切符を買うことができた。発車するときはほぼ満席だったが、三、四時間と走ったあたりから、次々に乗客が降りていった。最後部の座席に、少数民族のおばあさんがふたり座っていた。なにに使うのかはわからないが、おばあさんのひとりが竹の棒を手にしていた。なにがおかしいのか、よく笑うおばあさんたちだった。

ダラットまであと一時間ほどのところまで進んだ頃だったろうか、背中をコンコンとなにかで突かれた。振り返ると、おばあさんが笑っていた。どうも、自分たちは次で降りるから、ここに移って横になれ、といっているようだった。そう伝える

ミエンドンバスターミナル。ホーチミンシティで最も大きい

朝の国道をダラットに向かう。しだいに標高があがっていく

ために、僕の背中を竹の棒で突いたのだった。黒い上下のパジャマのような服を着ていた。頭にも黒い布を巻いている。しかし見ず知らずの外国人の背中を突くというのはどういう人たちなのだろうか。

前日、ダラットに関する簡単な資料を読んだ。もともとは少数民族が住んでいた土地のようだった。フランスは彼らを蹴散らし、自分たちの避暑地をつくった。いまでも、ダラット周辺には、クホ族、マ族などの少数民族が暮らしているという。おばあさんに背中を竹の棒で突かれた。なにかダラットという街や、このエリアがもつ別の面に触れたような気がした。

バスは急な坂道を一気にのぼっていた。有料道路を走り終わると、坂はさらに急になった。道路の周りは赤松の林になった。植生が変わったことがわかる。途中から、降りはじめた雨が強くなってきた。

ダラットのバスターミナルに着いたのは午後の一時頃だった。雨脚はさらに強くなっていた。バスを降り、思わずジャンパーの襟元を押さえた。涼しいというより寒かった。

「これじゃ、街にも出られないな。少し待とうか」

阿部カメラマンに声をかけた。僕らは売店でホットコーヒーを買った。コーヒーを飲むというより暖をとる感覚だった。

それから四日間ダラットにいた。一、二泊と思っていたのだが、三泊にもなってしまった。ダラットが気に入った？　そういうことになるのかもしれないが、それは好みのダラット料理店がみつかったとか、見どころが多いといった理由ではなかった。だいたいダラット料理の店などみつからなかったし、毎日、街をぽつぽつ歩いていただけだ。

しかし三泊もしてしまった。最近の僕の旅では珍しいことだった。

僕らは市街地の、一泊十ドルほどの宿に泊まることにした。部屋に入った。室内を見まわしてもエアコンはなかった。壁に扇風機がぽつんととりつけてあるだけだ。ダラットの宿の料金を見ると、ホーチミンシティやハノイより三、四割安かった。一泊十ドルというクラスは中級ホテルである。そこにエアコンがない。ダラットは冷房も暖房もいらない街だった。ガイドブックには、「永遠の春の街」と書かれている。

夜、繁華街に出た。といっても、歩いて三分ほど。ダラットは手頃な街だった。何軒かのバーベキューの店があった。路地裏の店に入った。客はひとりしかいなかった。焼肉とビールを頼むと、主人がダラットサラダがあるという。それもオーダ

ダラットへの途中には、ゴムのプランテーション。気候が向いている？

ーしてみた。出てきたサラダは、山盛りのレタスだった。そこに玉ネギの輪切りを載せ、ドレッシングがかけてある。どうってことはないサラダなのだが、レタスがやけに新鮮だった。ダラットは高原野菜の産地という紹介文を思いだした。

静かな夜だった。店内には音がなにもしない。バイクの音もない。店の扉は開け放たれている。向かいの家の老人の体調が悪いようで、孫に抱かれるように路地を歩いていった。病院にでも行くのだろうか。

店を出ると、路地は暗かった。遠くの街灯の弱い明かりを頼りに歩いていると、阿部カメラマンが驚いたように口をあけた。

「息、白いですよ」

僕も息を吐いてみた。たしかにうっすらと白い。以前、気温が一五度を下まわると、息が白くなりやすいという話を聞いたことがある。ということは、いまのダラットの気温はそんなに低いのだろうか。

宿に戻り、かけ布団にくるまった。初冬の日本にいるようだった。耳を澄ませても、なにも音が流れてこない。ときおり、子犬のキャンキャンという鳴き声が届く程度だ。今日はよく眠れそうだった。

東南アジアを旅することが多い。タイのバンコクには、足かけ二年ほど暮らした。

これが僕らが泊まった1泊10ドルの部屋。蚊帳は使いませんでした

暑いエリアは、どうしても眠りが浅くなる。あまり冷房が得意ではないので、エアコンをつけずに寝ることが多い。しかし時期によっては、暑さで目を覚ますこともある。しかたなくエアコンのスイッチを入れるのだが、一時間もすると、寒くて起きてしまう。リモコンを探してスイッチを切る。こんなことを繰り返すことになる。

暑い季節は床に寝転ぶことも多い。アジアの宿は、床がタイル貼りになっているところが少なくない。そこに体を横たえるとひんやりとするのだ。しかしタイルの床は硬い。やはり途中で目が覚めてしまう。朝方になり、少し気温がさがってくると、ベッドに移ったりする。やはり夜中に何回か起きてしまうのだ。

暑いから布団にもぐるという感覚がない。薄い布をかける程度だ。日本という国に育ったから、寒いとき、布団にくるまる快感を体が覚えている。秋を迎え、木々の葉が落ち切った頃、息が白くなる。そんな夜、布団にくるまる一瞬は至福でもある。進めなければならない仕事は山ほどある。しかし布団のなかのぬくもりは、暮らしの厳しさや煩わしさを一気に昇華させるほどの誘惑である。

その一瞬がダラットの夜にあった。アジアにいながら、この時間を味わえる。貴重だった。

三泊もしてしまった理由？

きっとそれは、この布団にくるまる一瞬にあったような気もするのだ。はじめての東南アジアがベトナムで、それも短期間にぐいぐいまわるような旅なら、ダラットの眠りにそれほど引きずり込まれないだろう。日本で蓄えた体力でがしがしと旅をこなしてしまう。しかし足繁く東南アジアに通う体には、ダラットの気候と音のない夜がすっと入り込んできてしまった。街を気に入る要素には、物価や市場のおばちゃんの笑顔、居心地のいいカフェ……などがあるのだろうが、僕には眠りもそのひとつのようだった。

焼肉とダラットサラダ（左上）。レタスの葉は日本のそれより小振り

別の店でもダラットサラダを頼んでみた。大差はなかった

ダラットは立ちすくむことが少ない街だった。街にはそれぞれ長い歴史がある。裏打ちされた文化がある。ベトナムの場合、北と南では、それぞれの文化や風土がぶつかり、ときに離反する。それはときに激しく、水が電気分解されたときのように、水素と酸素ほどの違いを見せる。たとえばハノイの道端で、濃いめの緑茶を飲んでいるおじさんと話をする。

「コーヒーは飲まないんですか」

するとこんな言葉が返ってくる。

「あれは南の飲み物だから嫌いだ」

ホーチミンシティで働くベトナム人の知人がいる。彼はチョロンという中華街出身の中国系だ。彼はハノイに出張するとき、必ず日帰りにする。

「ハノイには泊まりたくない」

ベトナムを歩いていると、こんな反応を前に立ち止まってしまうのだ。

しかしダラットにはそれがない。

バインミーというフランスパンのベトナム風サンドイッチが有名だというパン屋を教えられた。朝、その店に買いにいくと、バインミーコーナーのうしろの壁に料金表が掲げてあった。チーズ、野菜、ソーセージ、スペシャル……英語も併記され

ダラットに着いた日は篠突く雨。
日本の秋雨を思いだした

ているからわかりやすい。スペシャルというのは、何種類かの具を全部入れるものだろう。フォークインのフォースペシャルと同じ発想だ。これがベトナム人にとって、豪華版になるらしい。「今日は腹も減っているから、スペシャル、いっちゃうか」といったノリで頼むのだろう。僕はチーズを頼んだが、阿部カメラマンはスペシャルだった。しかしこんなバインミー屋ははじめてだった。ホーチミンシティのバインミー屋の多くは屋台型である。具は指差し方式で、値段は訊く場合が多かった。

夕方、中心街を歩いていると、豆乳屋が店を出していた。ベトナムでは豆乳屋はあまり目にしない。ダラットは珍しい街だった。中国やタイは、よく豆乳を飲むが、どちらかというと朝の飲み物だ。しかしダラットでは夕方から夜の飲み物だという。脇には甘そうなパンも置かれていた。おやつ感覚なのだ。夜食と思っている人もいるのかもしれない。屋台スタイルだったが、横の柱には料金表が掲げてあった。ベトナム語だから僕にはわからなかったが……。

パン屋でバインミーの料金表を見たとき、観光地だからかと思った。バインミーは、どちらかというとベトナムの南側の食べ物で、北からダラットに遊びにやってくる人もいる。ダラットは高原野菜や菊の栽培が盛んだが、それは郊外での話。街

これほど本格的なバインミー屋も珍しい。料金表は背後に掲げてある

豆乳屋台。パンとセットだ。豆乳はハーブ入り。芸が細かいなぁ

の商店は観光客で支えられているところも多い。フランス人を中心に欧米人もいる。しかし豆乳屋の料金表を目にしたとき、この街はなにかが違う気がした。

ダラットに住む日本人が口にした、こんな言葉が浮かんできた。

「ダラットの街の歴史は、たかだか百年なんです。フランスが、ここに避暑地をつくったのが、第一次世界大戦の頃ですからね。ダラットの街の歴史は浅いんです。ここに住んでいる人は、ベトナム各地からやってきた人。だから街にはフエ料理の店もあるし、ダナンの味を売り物にしている店もある」

ダラットの街には歴史がない――。

そういうことかもしれなかった。共有する歴史や文化がないから、店は料金表を掲げる。外国人への対応もその延長にあるのだろうか。どこかドライだった。だから、ひっかかることが少ない。それは旅行者にとっては心地いいことでもあった。

ある夜、一軒のパブに入ってみた。ダラットにも、デタム界隈を百分の一に縮めたようなバックパッカー街があった。坂道に沿ってゲストハウスや欧米人向きのレストランが並んでいる。パブはその通りの端にあった。

店内にはモニターがいくつも備えつけられ、ヨーロッパのサッカーが映しだされていた。ビールが一本二万八千ドン、約百四十円だった。すると女性の店員が、

その後、パブにはDJも入ったが、店は閑散。オーナーは頭が痛い？

「いまはハッピーアワーなので、一本頼むともう一本が無料です」

ホーチミンシティのデタム界隈を思いだした。あの街の客寄せ手段だ。ビールを飲んでいると、モニターの画面が急に切り替わり、キックボクシングの映像になった。会場の上階から派手な音楽とともに登場したボクサーはベトナム人女性だった。ふたりのボクサーがリングにあがり、ビキニの水着姿のラウンドガールが、「1」というボードをもって登場する。社会主義国のベトナムでこんなことをしていたのかとも思うが、デタム界隈のスポーツバーならいちばん盛りあがるシーンかもしれない。もっともダラットのこの店は客も少なく、モニターから聞こえる歓声が空しく響いていたが。

この店のオーナーは、ホーチミンシティからやってきたような気がした。デタム界隈の流儀をダラットにもち込む。それがこの街では、なんの違和感もなくとり込まれていく。

そういえば今日の昼に入った店の看板には、ブンボーフエと書かれていた。ブンはベトナムでは一般的な麺、ボーは牛肉……つまりフエ風牛肉麺ということになる。ダラット在住の日本人と一緒に、一軒のコーヒーショップに入った。ダラットではアラビカ種のコーヒーが飲めるのだという。

コーヒーの豆はアラビカ種とロブスタ種に大別できる。リベリカ種というものもあるが、ごく限られたエリアでしか栽培されていないという。一般にロブスタ種よりアラビカ種を好む人が多い。グアテマラ、キリマンジャロ、ブルーマウンテンといった銘柄はすべてアラビカ種だ。しかしこのアラビカ種の欠点は病気に弱いこと。低地ではなかなか育たない。有名ブランドがどれも、標高の高いところでつくられる理由である。

ベトナムはコーヒーの栽培で知られているが、そのほとんどはロブスタ種だ。低地でつくられているわけだ。バンメトート周辺はベトナムコーヒーの一大栽培地だが、標高は五〇〇メートル台だ。ロブスタ種はアラビカ種に比べて苦みが強い。アルミ製のフィルターからぽたぽたコーヒーがカップに溜まっていくベトナムコーヒーを口にすれば、その味わいがわかるはずだ。

しかしダラットは標高が一五〇〇メートル。アラビカ種の木も、病気にかからない。

入ったのは、The Married Beans Coffeeという店だった。メニューにはダラットナチュラル、イエローブルボン、カティモアなどの銘柄が並ぶ。それほどコーヒーには詳しくはないが、イエローブルボンは日本でも話題になっているコーヒー豆だという。カウンターにはサイフォンが並んでいた。

ダラットナチュラルを頼んでみた。久々に日本で飲むようなコーヒーだった。日本のそれよりはるかに高級なのかもしれないが、胃にずんと響くベトナムコーヒーを飲み続けた口には、なんともほっとする味わいだった。もしダラットに暮らしたら、しばしば通ってしまう気がする。

コーヒーは一杯四万ドン、約二百円ほどした。ダラットは物価が安く、一般的なカフェなら二万ドン程度でベトナムコーヒーを飲むことができる。それに比べればたしかに高かったが、市場にやってきたついでといった感じのおじさんが店に入ってくるのだ。スマホをいじる若者もいる。なんの抵抗感もなく、アラビカコーヒーを受け入れるダラットの人々は、やはりほかの街のベトナム人とは違っていた。

コーヒーの一大栽培地であるバンメトートでコーヒーを飲んだことがある。濃いコーヒーだったが、口あたりが柔らかく、さすが本場だとは思った。近くにいたベトナム人は、「ナンバーワンだろ」といいたげに親指を突きあげた。彼らにとって、このコーヒーは誇りでもあるのだろう。

しかしダラットの人にはそれがない。

ダラットはベトナム人の街だが、どのベトナムの街とも違っていた。

ベトナムを植民地にしたフランス人が、ここに避暑地を計画したのは一八九三年のことだという。街づくりはすんなりと進まなかったようだが、中央を流れるカムリー川を堰き止め、ファンフーン湖をつくった。その周囲は松林が広がる公園にした。丘の上には教会が建てられ、湖畔にはホテルがお目見えする。湖からのびる道に沿ってフランス人の別荘も増えていった。そのなかには、ヴィラ型ホテルに改装されているところもある。丘の上から見おろす街のなかには、フランス風の建物が点在し、教会の塔も見える。どこかおとぎの国のような風情すらある。

フランスはこの街までのびる鉄道路線も敷いた。山岳地帯をのぼるため工事に時

店はコーヒー農場と直結。恐縮してしまうほど丁寧に淹れてくれる

間はかかったが一九三二年には開通している。この鉄道の乗車記はコラムで紹介するが、ダラット駅は教会などと並ぶ観光地になっている。駅舎の前には花壇がつくられ、ヨーロッパ風の駅舎を背景に花に囲まれた姿はインスタ映えするのだろう。撮影ポイントにもなっていた。

この鉄道はベトナム戦争時代に破壊されたが、街のなかの建造物は意外に多く残っている。ベトナムは第二次世界大戦後、三十年に及ぶ戦争の時代を経験している。そのときダラットがどんな状態だったのかはわかりづらい。ダラットという街が、少しずつ復活してきたのは一九七五年のサイゴン陥落以降のことだ。しかしその後もベトナムは厳しい時代が続く。この国に活気が戻ってくるのは一九八六年のドイモイ以降のことだ。ベトナム各地から、人々がダラットに移り住むことができるようになったのもドイモイ以降。そう考えると、いまのダラットの街の歴史は三十年強ということになる。街にやってくる若いカップルは、ドイモイ以降に生まれたわけだから、ダラットという街は、新しいベトナムを象徴する街ということになるのかもしれない。ダラット中心部の店は、ベトナムの若者向けにつくられたものが多いからだ。フランス時代に避暑地になり、そこから六十年以上の空白を経て、いまのダラットが形づくられていったわけだ。

ダラットには信号がない。ロータリーが機能する車の量なのだ

泊まったホテルの斜め前にａｎｃａｆｅというカフェがあった。ベトナム人の若いカップルの間では有名な店のようで、朝の七時にはテーブルが埋まった。屋外のテーブルは、椅子がブランコ式で揺れ、テーブルの中央は花壇のように土が埋められ、そこに小さなレタスが植えられていた。こんなセンスがいまのアジアの若者には好まれる。場違いとは思いながらも、僕らもそのテーブルに座った。

しかしどこか落ちつく。バンコクやホーチミンシティの若者向けカフェに比べると、不思議な解放感がある。若者も日本からやってきた白髪混じりの旅行作家に関心がないだろうが、店の

レタスを眺めながらベトナムコーヒー。
別に味が変わるわけではありませんが

人もどこかさっぱりとしている。やはりドライなのだ。

寝る前、窓を開けて街を眺める癖がついてしまっていた。連日、夜になると濃い霧が街を覆ったのだ。前が見えないほどの濃さだった。夜、部屋から見ていると、街灯に映しだされた霧が動いていく様子がよくわかった。中部海岸に台風が迫っていた。ダナンでは死者が出ているらしい。ベトナム語だから正確にはわからないが、地元のテレビが報じていた。この霧はその影響なのかもしれなかった。しかし山に囲まれたダラットは風が強まることもなかった。山が風雨を防ぐ壁のような役割を果たしているのだろうか。ただ静かに、霧が街を包んでいる。

この街には、いつまでも暮らすことができそうな気がしていた。

ダラットの観光列車は、インスタ狙い?

ダラット鉄道に乗ってみることにした。晴れた日曜日の朝、駅までぷらぷらと歩いた。この日を選んだ理由があった。ダラット鉄道は完全な観光列車になっていて、乗客が二十五人を超えないと運行されないという話だったのだ。日曜日なら観光客も多いはずだった。

いま、東南アジアの全鉄道に乗るという企画を進めている。ベトナムでは北端のドンダンからハノイ、そしてホーチミンシティまでの路線は以前に乗っていた。残っていたのは、ハノイを起点にラオカイやハイフォンなどにのびる支線だった。一年ほど前、この支線を乗り終えていた。そこで悩んだ路線がダラット鉄道だった。はたしてこの列車を、東南アジアの全鉄道という枠組みに加えるかどうか……。僕は列車ならなんでも乗りたいという鉄道ファンとは違う。地元の人が乗る路線をすべて……という発想だった。ダラット鉄道は完全な観光列車だった。生活のための列車ではない。しかしベトナム人の観光客が乗る。やはり乗っておくしかない気がした。

駅への道はファンフーン湖畔にのびていた。そこを抜けると、再び街になった。おそらく、かつてのダラットの中心はこちらのほうだった気がした。そのなかにダラット駅をつくったはずだ。ゆるい坂道をのぼると、右手に駅舎が見えてきた。

「五千ドン」

入口でそういわれた。写真代だという。眺めると、ヨーロッパ風の駅舎だった。その前に花壇がつくられている。そこでポーズをとるカップルが多い。列車には乗らず、インスタ目的でやってくる人も多いのだろう。写真代というより入場料のような気がする。列車に乗る人は払う必要はない気がしたが、二十五円である。まあいいか……と駅舎に急いだ。列車が運行しているのかどうかがわからなかったからだ。

発券窓口にはベトナム人がふたり並んでいた。切符を買う様子だ。今日は大丈夫そうだった。

「往復切符を二枚」

窓口でそう伝えた。運行しているのは、かつてのダラット鉄道のうちの七キロぶんだった。終点はチャイマットだが、そこでは切符を販売しない。観光列車だから当然なのだが。

「ハードシートとソフトシートは売り切れです」

「はッ？」

二十五人が集まらなければ運行しない……それどころではなかった。かなりの乗客がいるらしい。

ベトナムの列車は、ハードとソフトの等級に分かれている。座席でいうとハードシートが普通席、ソフトシートが特急型座席になる。それを観光列車にもあてはめていた。売り切れという言葉に戸惑っていると、職員からこういわれた。

「VIP2ならあいています」

「VIP2？」

VIP席には1と2があり、2は少し安いという。終点まで三十分ほどである。そこでVIP席というのもこそばゆかったが、それしか空席がないのだからしかたない。往復で十三万五千ドン。約六百七十五円だった。

ホームに出ると、最後尾の車両に、デッキのついた欧風列車を連結させているところだった。客車は三両。それをディーゼル機関車が牽引する。ホームで出発を待つ列車の前に、インスタ組が集まってくる。おとぎの国のように花々に囲まれた駅舎。フランス植民地時代を演出しているような客車。ベトナム人にとって、フランスの時代は観光の世界になっていた。

ダラットをフランス人の避暑地に決めたのは十九世紀末。公園やホテル、別荘、教会などが建ち、避暑地の形が整っていく。そこで話がもちあがったのが、ホーチミンシティからダラットまでの鉄道建設だった。ホーチミンシティとハノイを結ぶ幹線の駅であるタップチャムからダラットまでという路線が決められた。

工事がはじまったのは一九〇八年。ソンファーまでの四十一キロの区間が開通したのは一九一九年だったという。ずいぶんゆっくりとしたペースだった。ソンファーはまだ平地。ここからダラットまでは山岳路の工事になった。急斜面が続くため、アプト式という線路になった。アプト式というのは二本の線路の中央にラックレールという歯がついたレールを敷く。車体の下に歯車がとりつけられ、それが嚙み合ってのぼっていく線路。日本では碓氷《うすい》峠や大井川鐵道などでこのレールが使われていた。

こうして線路はしだいにのび、一九三二年にはダラットまでの鉄道が開通した。タップチャムからダラットまでは八十四キロの線路だった。

しかしその後、ベトナム戦争が激しさを増していく。ダラット鉄道も破壊されてしまった。戦争が終わり、南北ベトナムは統一されたが、経済状況は悪化し、ダラット鉄道は放置されたままだった。しかしドイモイのなか、ベトナム経済は成長の軌跡を刻みはじめる。フランス風の避暑地が人気を集めはじめ、一九九七年、七キロの区間だけ観光列車が走るようになっていった。

ハードシートとソフトシートはほぼ満席だったが、VIP車両はすいていた。列車はスマホのシャッター音に送られるようにゆっくり発車した。

しばらくは民家の間を進んでいたが、やがて斜面をビニールハウスが埋める風景に変わっていく。レタスや菊のほか、胡蝶蘭を栽培している農家もあるという。車窓に花畑が広がったら絶景になるのだろうが、ハウスのなかなのでなにも見えない。斜面にかまぼこ型のハウスが並ぶ風景は、ちょっと異様でもあるが、それがいまのダラットなのだろう。

乗客は皆、写真の撮影に忙しい。車内のさまざまな場所でポーズをとる。観光列車だから、それは当然のことなのだが、ベトナムの全鉄道路線を走破するという酔狂な企ての最後が、こういう列車でいいものかと考え込んでしまう。

ホームの反対側には日本製機関車も。中国経由でベトナムに流れついた

ビニールハウスの海。ダラットらしい風景です

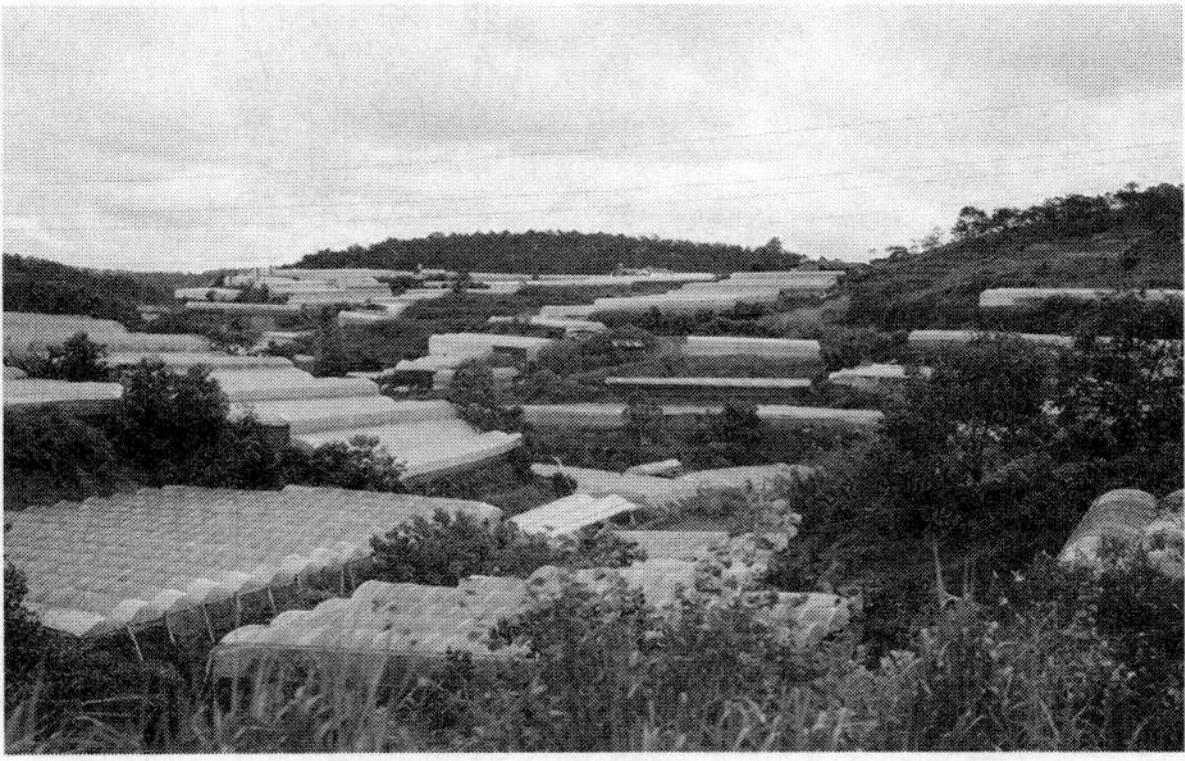

途中に停車する駅はない。終点のチャイマットには二十分ほどで着いてしまった。

「戻りの列車は五十分後に発車します」

車掌が乗客に伝えていく。ぞろぞろと降りた乗客の大半は、踏み切りを越えたところにあるリンフック寺に向かっていった。観光コースになっているらしい。その後をついていく気にもなれず、駅舎脇にあるベンチで発車を待つことにした。目の前にはコーヒー屋や定食屋が並んでいる。チャイマット駅周辺はちょっとした商店街になっていた。

第五章　ダラット高原

空間移動した菊農家のベトナム

人は誰しも、嫌いな国を訪ねたくはない。しかしこの好き嫌いという意識は難しい。僕自身、嫌いな国はあるのかと訊かれると答えに困る。しかし、好きな国はあるのかと問われても答えはみつからない。タイという国を気に入っているように思われがちだが、どこか腐れ縁のような関係でもある。タイ人とのつきあいの実際は、面倒なことが多い。

僕は性善説に傾いた旅行者のように思う。最低でも月に一回は海外に出る。やはりアジアが圧倒的に多い。そしていまでも、ぼられたり騙されたりしている。ベトナムでもよく納得のいかない場面に出遭ってしまう。たとえばバイクタクシーに乗る。値切ったつもりだったが、翌日、ほぼ同じ距離を別のバイクタクシーで向かうと半値だったりする。

だからといってベトナムやベトナム人を嫌いになるわけではない。何回、騙されても、ホーチミンシティのデタム界隈の宿に泊まっている。

おそらく心のどこかに、「ベトナム人は悪い人たちではない」という性善説が横たわっているのだろう。人にはいいところと悪いところがあるように、ベトナムという国にも短所と長所があると考えてしまう。こういう性格だから、旅がちな人生を送ってこられたのだと思う。

「月の半分ぐらいなら住めるような気になってきました」

松尾友嗣《ともつぐ》はそういった。ちょうど昼どきだった。背後から昼食のいいにおいが漂ってくる。畑で働くベトナム人たちが次々に戻ってくる。松尾がかかわっている農場では、皆で一緒に昼食をとるらしい。好奇心旺盛な観光客なら、「わー、おいしそう」と目を輝かせるようなベトナムの庶民料理が並んでいるのだろうが、松尾にとっては、まだまだ抵抗感のある料理なのだろう。

これがベトナムのダラット暮らしが六年になるという松尾だった。

これまでアジアで起業した何人もの日本人に会ってきた。それぞれ問題は山のようにそびえていたが、それでも現地で頑張っていた。海を渡ったという自負もあったのだろうが、仕事を離れた日々の暮らしの話になると、頬をゆるめる人が多かった。なかには、アジアで暮らしたいために仕事をつくった人もいた。しかし松尾には、そんな気負いたったところがなにもなかった。それは行きたくもない国に赴任させられた駐在員の発想にも似ていた。

「会社の指示だから逆らえないんですけどね」といった言葉に続いて、その国の悪口が機関銃のように飛びだしてくる。松尾はそれほどでもなかった。ベトナムに移り住んだことは自らの決断だったからだろう。しかし彼が会社員だったら、身の不運を嘆く言葉に傾いていくタイプだったかもしれない。ベトナム人は仕事を覚えるのが遅い。教えた通りに手を動かさない。納期を守る感覚が違う……などと。

新しいタイプの日本人だと思った。

ダラットについて調べていると農業にぶつかった。この街には、農業を営む日本人が三十人近くいた。レタス、メロン、イチゴ、冷凍野菜、チーズ、菊……。栽培する作物はさまざまだった。ある資料には、ダラットは日本式農業の拠点だとも記されていた。

これまでアジアで起業した日本人と会ってきたが、多くが製造業やサービス業だった。親会社の工場が海外に移転し、そこに寄り添うようにアジアに移った子会社の社長もいた。単身、ダンボール工場をつくった人もいた。飲食業も多かった。バンコクのように大使館に登録していない人を含めると日本人が十万人近くいるという街になると、日本の地方都市感覚の仕事が生まれてくる。電気屋、弁当屋や居酒屋、塾、パソコンの修理……。さまざまな職種の日本人に会ってきた。しかし農業の世界には接点がなかった。有機野菜や果物をつくっているという日本人の話をタイで聞いたことはあったが。

なぜダラットで農業？

それが最初の疑問だった。ダラットは標高が一五〇〇メートルもある高原である。レタスは想像がついたが、それ以外の作物はなかなか日本人につながらなかった。松尾はダラットで菊を栽培していた。農場はダラット市街から車で四十分ほどの空港の近くだった。乗ったタクシーは、一気に坂道をくだっていった。彼の農場に近づいてわかったのだが、周囲には平地が広がっている。訊くと、そもそもダラットの中心はこのあたりだったという。フランス人は避暑地を求めていたから、より標高の高いエリアに街をつくっていったが、ベトナム人の街は平地側にあったのだ。いまでは、フランス人がつくった街のほうが人口が多くなっているが、そこは観光を主な収入源にしたエリアだった。観光客が落とす金を求めてベトナム各地から人が集まって、街は大きくなっていった。いってみれば、松尾の農場のある一帯は、観光とは無縁の昔からのダラットだった。

車から眺める空は急に広くなったが、点在する家々を見ながら、つい、ベトナムだな、と呟《つぶや》いてしまった。灌木が点在する草原。そのなかを走る道に沿って、商店がまばらに建っている。ペンキ屋に農器具の店……食堂もある。しかしそのすべてがベトナムだった。

松尾はそのなかで暮らしていた。

海外に移り住む——。その生活は、暮らすエリアによってずいぶん違う。いま、アジアの大都市には、かなりの日本文化が浸透している。健康ブームのなかで日本食レストランも多い。食材も簡単に手に入る。日本の情報も、インターネットやフリーペーパーなどから得ることができる。

しかしそれは大都市の場合で、地方都市や田舎になると環境はずいぶん変わる。工場勤務や松尾のように農業にかかわる分野だ。そこには日本食レストランもなく、日本食材やフリーペーパーも届かない。頼みの綱はインターネットだけになってしまう。

海外に暮らす人のなかには、現地の人々を使う以上、現地の人々と同じものを食べなくてはいけない……と現地食を自らに課す人がいる。毎日三食、現地の食事というスタイルである。しかしそれも一年だという。急に太ったり痩せたり……体調を崩してしまうのだ。日本の食生活がつくる体質というものがあるのだろうか。

タイでこんな話を聞いたことがある。バンコクから車で三時間ほどの工業団地に勤務する日本人。工場に近いアパートに暮らしていた。一年ほど前に自宅から車で十分ほどの国道沿いに、『やよい軒』という日本食レストランがオープンした。バンコクを中心に店舗を広げるチェーン店だ。

「いや、うれしかったです。赴任して半年ほどは工場に近い食堂でタイめしを食べてたんですけど、急に太っちゃいましてね。日本に帰ったときに健康診断を受けたらメタボ判定。食生活の改善をいい渡されました。食事指導を受けたんですが、カロリー計算なんかも全部日本食でしょ。タイ料理はわからない。それで自炊ですよ。月に二、三回、バンコクへ行って日本食材のまとめ買いです。でも仕事で疲れて帰ってきた後で、自炊はつらい。もう五十二歳ですから。そんなときに『やよい軒』がオープンしました。もう通いました。毎日。半年ほどで、『やよい軒』の全メニューを制覇しました」

侘しい話にも聞こえるが、それがアジアの地方都市や田舎暮らしの現実でもある。松尾もそんな環境のなかに置かれている。ダラットの市街地には日本食レストランが三軒ほどあるというが、彼の家から車で四十分の距離である。

松尾の農場は幹線道路から少し入ったところにあった。入口にオフィス兼住居があり、その先にハウスが並んでいた。そこで連絡をとると、ハウスのほうから松尾が現れた。顔は日に焼けていた。想像していたよりかなり若かった。三十三歳だという。

ハウスのなかの菊を見せてもらうことにした。ハウスへの道を歩きながら、どうしてベトナム……と訊いてみた。松尾の答えは明確だった。

「日本では生きられないからですよ」

彼の口から聞こえてきたのは、日本の農業の現実でもあった。

松尾は和歌山県に生まれた。実家は菊の栽培を手がけていた。大学を卒業し、二年ほど会社勤めを経験した。営業職だった。しかしやはり自営の道に進みたかった。父の菊農園を継ぐことを決めたのだが、父から返ってきたのは、後を継ぐな、という言葉だった。

菊はそもそも日本の気候に合わない花だった。栽培はハウスだったが、そこには冷房と暖房の設備が必要で、燃料代がかさんだ。栽培の機械化も難しかった。日照時間を調整する費用もかかった。そこに海外から輸入品が入るようになっていた。マレーシア、中国、ベトナム……価格競争では日本産の菊が勝てるわけがなかった。農産物でも、肉や野菜といった分野では、その味や安全性に日本産は活路を見いだ

ダラットでは90日で出荷できる菊が育つ。日本より10日ほど早い

すこともできた。しかし、口に入れるわけではない菊には、その道もなかったのだ。

「菊には高級菊の世界もあるんです。花の直径が二十センチぐらいになる菊で、さまざまな名前がついている。自分はその道に進むつもりはなかった。量産タイプの菊……。となると、もう日本産の菊は輸入物に立ちうちできないんです。菊で生計を立てるのは難しい分野なんですね」

となると、生きるために海外に出るしかなかった。地球儀を眺め、いったいどこで菊が栽培できるのかを探ることになる。条件は気温や日照時間、雨量などだった。はじめから日本に輸出することを考えていたから、輸送の問題もあった。

菊に最も適した気温は二五度だった。その気温が変わらない土地がベストなのだが、そんなエリアは地球上にない。日照時間を考慮して絞り込んでいくと、コーヒーベルトと呼ばれるエリアになってくる。コーヒーベルトというのは、コーヒーの栽培に適したエリアで、北回帰線と南回帰線に挟まれたエリアになる。一般にいわれる熱帯である。そのなかで標高の高い地域がいい。それは気温の問題だった。コーヒーベルトで標高が高く、日本からあまり遠くない土地……。

ベトナムのダラットはそのひとつだった。

しかし松尾は最初からダラットに決めていたわけではなかった。まずベトナムへの農業視察ツアーに参加した。ホーチミンシティに向かう飛行機の機内でダラットの話を耳にした。気候条件は菊に向いていた。ベトナムに入国後、予定されていたツアー日程をキャンセルし、ダラットに向かった。

結論からいえば即決だった。しかしその決断の前に心の揺れはあった。「ここだ」と金鉱を探しあてた山師とは違っていた。

菊を量産していくという自分の人生を考えれば、ダラットで菊栽培をはじめるしかなかった。その道しか菊農家として生きる術はなかった。しかし、ベトナムに住まなくてはならなかった。

松尾はベトナムに興味があったわけではなかった。生計を立てる場所をみつけるために、ベトナムへの視察ツアーに参加しただけのことだった。話はとんとんと進んでしまったが、彼はベトナムの食事も文化もほとんど知らなかった。海外ではアメリカやヨーロッパが好きだった。

仕事を無視して眺めるベトナムは溜め息が出るほどの後進国に映った。ホーチミンシティの道端にはゴミが積まれ、水路は顔をしかめてしまうような臭気を放っていた。この国に暮らすのか……と考えると気が滅入ってきた。暮らすなら日本だった。いや、それまで海外で暮らすことなど想像もしていなかったというのが本音だろうか。

そのとき、松尾はひとつのプランを立てた。なんとか三年で菊栽培を軌道に乗せ、それ以降は日本からときどきやってきては、菊の栽培や日本への輸送を管理していくというものだった。

幸い農園はダラットの空港に近かった。大阪からホーチミンシティまでは六時間もかからない。ホーチミンシティからダラットまでは飛行機で五十分ほどだ。朝のベトナム航空に乗れば、夕方にはダラットに着く。ベトナム航空の運賃はそれほど高くない。ホーチミンシティからダラットまではＬＣＣを使えば片道三千円ほどだ。彼はそんな胸算用までしていたのかもしれない。

このプラン通りに進むかどうか……。彼はどこまで信じていたのかわからない。しかし、ベトナムに暮らしたくはない彼にとって、このプランは魅力的だった。とにかく三年、頑張ればいいと思うだけで、少しは気分が楽になったのかもしれない。

三年プランにすがったのには、もうひとつの理由があった。松尾は結婚を控えていたのだ。ダラットで菊農園をはじめる――という話を聞いたフィアンセは、松尾がダラットに住むものだとは想像もしていなかった。最初から和歌山の実家からときどきベトナムに出張しながら、菊をつくっていくものだと思い込んでいたのだ。

「それ、結婚詐欺と違う？」

式を前にダラットに移り住むと聞いたとき、そういわれたという。結局、松尾が先にダラットに向かい、その後、奥さんもダラットで暮らすようになるのだが。

それから六年――。松尾はまだダラットに暮らしていた。

松尾に案内してもらいながらハウスをまわった。そこで見聞きしたのは、ベトナムで菊を栽培する大変さだった。たしかに気候は菊づくりに適していた。しかしベトナムには、ベトナムの難しさがあった。

ダニがついてしまった菊。こうなるともう出荷はできない

最初に入ったハウスには、畝《うね》に沿って二、三十センチにのびた菊が並んでいた。松尾が一本の葉をとってこういった。

「これ、だめなんです。見えます？　ここにダニがいるでしょ。これがみつかると、日本では燻蒸《くんじょう》されてしまうんです。そうなると商品じゃなくなっちゃう。もうゴミですね。この菊は、もう出荷できないんですよ」

日本の検疫は厳しい。ベトナムは南国だから、さまざまな虫がいる。それが菊につかないように育てなくてはならない。日本への輸送は冷蔵コンテナを使う。一回の出荷量は二万本から三万本になる。ダニなどがつき、燻蒸に回される割合を四パーセント以下にしないと、収益に影響してしまう。日本でヒアリがみつかった二〇一七年夏の時期は、チェックがかなり厳しかったという。

ベトナム人と日本人の感性の違いも埋めていかなくてはならない。日本の受け入れ先は花の大きさ、花首《はなくび》や節間《せっかん》の長さなどに細かい注文をつけてくる。花首というのは、花の下から、いちばん上の葉までの茎部分だ。日本では三センチから七センチの間におさめる必要もある。節間というのは、その言葉通り、節と節との間隔で、三、四センチがいいといわれる。こういうことにこだわる日本人は、ベトナム人にしてみたらクレイジーにも映るという。

「花首の長さを三センチから七センチにしないといけないということを、ベトナム人は頭で理解します。しかしそれがどれほど重要なことなのか、ベトナム人はどうしてもわからないんです。そのためにエネルギーを費やすことの意味がね。だからどうしても手抜きになってしまう。日本人が農園にいる役割は、そんなチェックなんですよ」

茎全体の長さも問題になる。菊は短日《たんじつ》植物である。日照時間が一定より短くなると花がついてくる。放っておくと、茎の長さが三十センチほどで花がついてしまう。これでは見た目が悪く、売り物にならない。そのため、無理やり光をあてて、花が

雨を防ぐことが主な目的だから、ハウスの設備は簡素だ

菊を栽培するハウスはここ以外にも2カ所。かなりの広さだ

つくのを遅らせていく。茎の長さが平均八十センチほどになり、それを切りそろえて出荷することが大切になってくる。

そんな指導を松尾はベトナム語で伝えなくてはならない。もちろんダラットに暮らしはじめたとき、彼はベトナム語をまったくといっていいほど話すことができなかった。農場で働くベトナム人の教育レベルは高くない。英語のやりとりは難しい。

松尾はベトナム人との食事や飲み会の輪に入っていった。そこでベトナム語を覚えようとしていったのだ。ベトナムが好きというわけではない。ベトナム料理より日本料理のほうが口に合う。しかし生きていくためには、ベトナムの言葉を身につけなければ、売り物になる菊をつくることができなかったのだ。

放っておくと、しだいに日本とずれていってしまう。そこを修正していくためにはベトナム語が必要だったのだ。

海外に暮らす日本人にはさまざまなタイプがいる。なかには、現地の人々を見くだす傾向が強い人もいる。客観的に見れば、日本とベトナムの間にはかなりの差がある。仕事の能力も違う。それを怒ってもしかたがないと頭でわかっていても、潜在的に格差意識を内包している人は、どうしても態度や表情に出てしまうのだ。現地の人々は、その感覚に敏感である。

松尾と話していて感ずることがあった。彼は、この種の感覚が欠落しているのではないか……という気がした。ベトナム人との接し方がフラットなのだ。見くだす、見くださない……その意識すらない気がした。それを彼は意識していないようでもあった。

「農場で働いているベトナム人の給料は日本円で二万円ぐらいなんです。でも、経験を積んでいくと、少しずつ給料があがっていく。彼らのなかには貯金をして、スマホを買ったり、バイクを買う人がいる。そんな姿を見ていると、すごくうれしいんです」

おそらく松尾はベトナム人と同じ足場に立っているのだろう。きっと彼には、ベトナム人を見くだす余裕などないのだ。彼は菊で生きていかなくてはならない。日本では生きることができないから、ダラットという土地で生計をたてようとしている。それは農園で働いて給料をもらって生活するベトナム人とまったく同じスタンスに思える。

「ベトナムで学んだこと？　それはベトナム人も日本人と同じってことでした。そういう意味ではボーダーレス。国は違うけど、人はボーダーレスっていうか」

アジアで起業した日本人には、いくつかのパターンがある。そのなかに日本へのリベンジ組がいる。日本で失敗した人もいる。日本という不自由で不寛容な社会からスピンアウトするかのようにアジアにやってきた人もいる。そんな日本人に共通していることは、視線はいつも日本に向いているということだ。アジアで成功した人は、それを日本に伝えようとする。顔はいつも日本に向いているということでは、駐在員も同じなのかもしれない。海外での仕事を評価するのは日本の本社なのだ。しかし松尾には、そんなふうに日本を見ていないように思うのだ。彼は生きていくためにベトナムにいるだけだ。

一時期、ダラットで一緒に暮らしていた奥さんと子供は、いま日本にいる。子供の教育のためだろう。奥さんからは、「一本立てるまで帰ってくるな」といわれていると松尾は笑う。一本立てる……一旗揚げるといった意味らしい。しかしそこにはリベンジ組が抱えもつ仄暗《ほの》さがない。日本で菊をつくる作業が、ダラットに空間移動しただけのことだから。恨みやそねみもない。フラットにダラットで働いているだけだ。

彼の菊栽培はなんとか黒字を維持しているという。ダラットに進出した日本人や日本の農業会社のなかには撤退した例もあるから、評価されることなのだろう。その要因は松尾のほうが詳しく分析しているのかもしれないが、僕にはベトナム人ス

奥で昼食の準備がはじまった。気持ちのいい風が吹き抜ける

松尾のオフィス兼住居。夜は５〜６時間、ネットを見ていることが多いという

次はスリランカで菊の栽培を考えている。日本からさらに遠くなるが

タッフとの関係があるような気がしてならない。農業を生業《なりわい》にしてきたベトナム人は、いつも上から押さえつけられてきた。王朝、フランス、共産党と上に立つ階層が劇的に変わってきたのがベトナムかもしれないが、強い権力に貧しい農民が従う構造に変わりはなかった。その後、やってきた外資系企業や外国人も、彼らはその枠組みのなかで接してきた気がする。

しかし松尾はなにか違う。菊の栽培にはうるさいが、彼の背中の向こうに控えるものがない。隣にいる外国人なのだ。それは日本の農業の惨状の結果なのかもしれないが、菊栽培を続けるならダラットで生きるしかないという思いは、月給二万円前後というベトナム人と立場が似ていた。いい菊をつくっていかなくては、ともに生きていくことができない。

「いや、自分はダラットで必死に頑張っているんですよ」

松尾はそういって反論するのかもしれないが。

南の国のＬＣＣ

ベトナムは移動に日数がかかる国だった。中心都市であるホーチミンシティとハノイが離れすぎているのだ。

国内移動は列車かバスという時代が長かった。列車といっても、ホーチミンシティとハノイ間は、最も速いＳＥ３やＳＥ１と番号が振られた列車で三十時間から三十三時間ほどかかった。バスはさらに遅かった。のんびり旅には向いていたかもしれないが、車中二泊と聞くと、悩んでしまう人も多かった。運賃も安くはない。寝台車でホーチミンシティからハノイまでいくと、一万五千円ほどかかる。

そこに登場してきたのがＬＣＣだった。

最初にベトナムの空を飛びはじめたのはジェットスター・パシフィック航空だった。その母体になったのがパシフィック航空だった。ベトナム航空に次ぐ第二の航空会社だったのだ。アジアでは二〇〇〇年前後から、次々にＬＣＣが生まれていた。その流れはベトナムにも押し寄せ、オーストラリアのカンタス航空の子会社であるLCCのジェットスターと提携し、ジェットスター・パシフィックというLCCに変身。ベトナムの空を飛びはじめた。二〇〇八年だった。

それを追いかけるように参入してきたのがベトジェットエアである。はじめはマレーシアのLCC、エアアジアとの合弁LCC、ベトジェット・エアアジアとして運航する予定だった。しかしエアアジアからの出資がベトナム政府に認められず、独立系LCCとして二〇一一年に運航を開始した。

ベトナムは南北に長く、移動に時間のかかる国だから、LCCは一気にシェアを広げていった。なにしろホーチミンシティとハノイ間は、飛行機を使えば二時間ほど。列車が三十時間以上かかるのだから、どうしても飛行機になびいてしまう。

拍車をかけたのは運賃だった。いま、ホーチミンシティとハノイ間はLCCなら片道五千円台から七千円台といったところだ。列車の寝台車が一万五千円だから、LCCは安くて速い。もう比較にならなかった。

ホーチミンシティとハノイ間を見ると、一日に八十近い便がある。そのうち半分ほどがLCCだった。それに比べて列車は一日五便。ベトナムは飛行機で移動する国といってもよくなってしまった。

ホーチミンシティからダラットまで、行きはバスに乗ったが、帰路は飛行機にした。バスは七時間ほどかかり、運賃は七百円ほどだった。飛行機は片道約三千五百円だったが、五十分ほどで着いてしまう。少し悩んだが、ＬＣＣのジェットスター・パシフィック航空に乗ってしまった。

ベトナムの国内線を見ると、ジェットスター・パシフィック航空よりベトジェットエアのほうに勢いを感じる。ジェットスター・パシフィック航空はベトナム航空から多くの出資を受け、どこかベトナム航空の子会社のような雰囲気が出てきた。ベトナム国内線でも、ベトナム航空はかなりの路線をもっている。そのあたりの調整が足を引っぱっているようにも映る。

ベトナムやカンボジアで飛行機に乗ってときどき思うのだが、しばしば予定出発時刻より早く離陸する。乗客が全員乗っているだろうから問題はないと思うが、ときどき、おやっと思うことはある。

ダラット発ホーチミンシティ行きのジェットスター・パシフィック航空も、二十分も早く、ダラットを離陸した。そして、ホーチミンシティのタンソンニャット空港には十五分ほど早く到着した。

ダラットの空港はリエンケオン国際空港という。設備は立派だ

タンソンニャット空港は、激しいスコールに見舞われていた。飛行機の小さな窓から外を見ても、ターミナルビルすら見えなかった。

飛行機はターミナルビルから離れたところに駐機した。ターミナルビルまでバスで移動することになる。ところが、停止した飛行機に動きはなかった。乗客は誰も席を立とうとしない。すると、機長からこんな機内放送が流れた。

「雨が激しいので、しばらく待機します」

たしかにこの雨では、タラップを降りてからバスに乗る間に濡れてしまう。しかしいま、世界の飛行機に、雨があがるまで待つといった時間の余裕はない。効率をあげるために、タイトな運航スケジュールが組まれている。とくにLCCはその傾向が強い。少ない機材でどうやりくりするか……。それが収益にもかかわってくる。

ところがジェットスター・パシフィック航空は、雨脚が弱まるまで待つという。はじめ、十五分も早く着いたので、予定の到着時刻まで、雨しのぎついでに待つのかと思った。しかし、予定の到着時刻をすぎても飛行機の周りにはなんの動きもなかった。

ようやくバスが飛行機の横に現れたのは、到着してから四十分後だった。

雨は小降りになっていた。

ベトジェットエアなら、こんなことはしない気がした。ジェットスター・パシフィック航空は、ベトナム航空の傘下に入り、運用資金に余裕ができたのだろうか。ベトナム航空は国営である。そこには、社会主義国特有の厳しさとゆるさがある。少しカビ臭いそんな空気が、ジェットスター・パシフィック航空に流れ込んできたのだろうか。

飛行機を降りながら、「南の国のLCC」という言葉が浮かんできた。

第六章　ベトナムからカンボジアへ

国境で出合う
ゆるさを装う
狡猾さ

ベトナムは中国、ラオス、カンボジアと接している。そこにはいくつかの国境がある。昔から陸路で渡る国境に弱い。陸路伝いに国境を越えられると聞くとつい足が向いてしまう。

ベトナムとの陸路国境がいちばん多い国はカンボジアである。これまでもベトナムのモクバイからカンボジアのバベットへの国境、メコン川下流のチャドックの国境を越えてきた。ベトナムとカンボジア間のすべての陸路国境を越えようという企てがあるわけではない。しかしまだ通過したことのない国境にはつい惹かれてしまう。

陸路でカンボジアに向かうことにしていた。日程に余裕があったから、国境の手前にあるベトナム側の街に泊まってもいいと思っていた。ベトナムの地方都市は気に入っている。ベトナムという国は、かなりの田舎に行っても食べることに困らない。そしてホテル代がぐんと安くなる。

ヴィビエン通りの大音響が流れてくるデタム通りで、ベトナムからカンボジアまで陸路で通過した旅行者のブログを読んでいた。この種の情報には眉に唾をつけなければいけないものも多いのだが、ベトナムのサマットから、カンボジアのトラペンプロンという村に抜ける国境は開いているようだった。

国境はホーチミンシティからそう遠くないようだった。バスで二時間ほどらしい。近くには訪れる外国人も多いクチトンネルもあるようだった。ホーチミン在住の知人に訊くと、クチトンネルに近いタンビエンまでのバスがベンタイン市場から出ているという。クチトンネル半日ツアーの料金の高さを嫌うバックパッカーたちがよく乗る路線バスらしい。

荷物をまとめ、ベンタイン市場に向かったのは午後だった。その日はタンビエンに泊まるつもりだった。しかしベンタイン市場のバスターミナルはなくなっていた。地下鉄工事がはじまっていたのだ。かつてバスターミナルがあった場所はフェンスで囲まれ、そのなかには直径が五メートルもありそうなレンガ色の排気口が立っていた。訊くと、バスターミナルを発着していたバスは、近くの通りにあるバス停から発車しているという。そのバス停は、周辺に点在しているという。面倒なことになってしまった。

しかしベトナム人は、親切というかお節介である。バス停に掲げられたバス番号を探していると、必ずといっていいほど声をかけてくる。しかし教えてくれるバス停がまちまちでかえって混乱する。ところがそのなかに、スマホで検索してくれた若い女性がいた。ホーチミンシティにはバスをみつけるサイトがあるらしい。しかし難点があった。女性はスマホの使い方にはたけていたが、ホーチミンシティの地理には疎かった。十三番と七十九番のバスがタンビエンまで向かうようなのだが、そのバス停がわからない。若い女性がいろいろ検索を繰り返してくれた。いちばんいい方法は、アンソングバスターミナルに向かう四番のバスに乗り、タンビエン工業団地で十三番のバスに乗り換える……というものだった。そう聞いて、

「タンビエン工業団地って?」

と訊き返すと、会話はそこで止まってしまった。どうもうまくいかない。しかたなく、頻繁にやってくる四番バスに飛び乗った。運賃は五千ドン、約二十五円。間違えてもそんなに損はしない。タンビエン工業団地のバス停に目を凝らしていたのだが、結局はみつけることができず、バスは終点のアンソングバスターミナルに着いてしまった。

さてどうしようか。ふと見ると、切符売り場があり、そこに、「タンビエン(サマット)」という表示があった。ケガの功名というか、結果オーライというか……。

アンソングバスターミナル。近距離路線が多いのか、乗客も身軽

サマットは国境である。そこをカッコでくってある意味がわからなかったが、とにかく、国境方面まで行く。時刻は午後二時。タンビエンの街には夕方までに着くだろう。そこで一泊し、翌朝にカンボジアに入国すればよかった。

窓口で切符を買った。五万五千ドン、約二百七十五円。それを支払うと、窓口の女性は二時十五分にバスが出るという。すると横に立っていたバス会社の職員らしいおじさんが訊いてきた。

「カンボジア？」

僕は素直に頷くと、おじさんは、「わかった」といいたげにバスが発車する方向を指差した。たしかにカンボジアに行くのだが、それは翌日のつもりだった。国境を越えるときは、テンションをあげなくてはならない。国境にはイミグレーション妖怪のごとき職員がしばしば潜んでいる。とくにカンボジアは質《たち》が悪い。なにかと理由をつけて、金をとろうとするのだ。これまで陸路でカンボジアに入国したことは二十回近くある。カンボジアは国境でビザがとれるのだが、正しいビザ代を払って入国したことは半分ぐらいしかない。いま、カンボジアの到着ビザは観光なら三十ドルなのだが、あの手、この手のビザ代吊りあげ工作をしかけてくる。

「手数料が一ドルかかる」

発券窓口では英語が通じます。一応というレベルですが

などというのは可愛いほうだろうか。タイ側のアランヤプラテートからカンボジアのポイペトに抜けるルートは、その吊りあげ工作のデパートのような国境だ。タイ側には、さもカンボジア政府の出張ビザセンターのようなオフィスまでつくっている。バイクやトゥクトゥクという三輪タクシーの運転手を金で手なづけ、そこに横づけさせる。ここでしかビザがとれないかのような説明をして、五ドル、十ドルと旅行者から巻きあげるのだ。

しばらく前も、タイ南部のトラートの南にあるハートレックからカンボジアのチャムイエムに抜ける国境を越えた。ビザ代を吊りあげてくることはわかっていたから、事前に三十ドルを用意しておいた。ところがビザオフィスの職員はこういったのだった。

「この国境はタイのお金、タイバーツでしかビザ代を払えないんです」

「そんなことないでしょ。普通はドル払いのはず」

「すいません。ここはだめなんです。ドルしかなかったら、私が両替しますけど」

虚を衝かれてしまった。この職員に頼んだら、悪いレートで両替するに決まっていた。今日のドルとタイバーツの両替レートはいくらなのだろうか。そんな数字は覚えていなかった。仮にネットがつながり、銀行の両替レートがわかったところで、カンボジアの両替レートとは違うなどとぶつぶついうのだろう。もうこうなると、アリ地獄に落ちたアリだった。しぶしぶタイバーツを払うしかなかった。後でレートを調べると、ぼられていたのは三ドルほどだった。この程度ならよしとするか、と思わざるをえなかった。

そんな国境が、アンソングバスターミナルを発車するバスの先には待っている。手前のタンビエンで一泊し、心の準備をしたかった。なにをするということもなかったが、ベトナムドン払いといわれたときへの対応ぐらいはできる。

バスは定刻に発車した。最近のベトナムでは増えているマイクロバスだった。バ

ベトナムの宗教はわかりづらい。現世利益の傾向が強いが。で、これは？

おじさんがガソリンスタンド看板を立てていた。効果のほどは……不明

スターミナルはホーチミンシティのはずれにあったようで、バスは間もなく、畑や林が広がる田園地帯に入り込んでいった。片側二車線の立派な道が北西に向かってのびていた。

四時に近づいた頃、バスは比較的大きな街に入った。道に沿って商店が続いている。ここがタンビエンだろうか。運転手に訊こうかと思った。たぶん、運転手は僕と阿部カメラマンはカンボジアへ行くという連絡を受けている気がしたからだ。しかしバスは、片側二車線の道路の中央側をずんずん進んでいく。中心らしい交差点もすっと通り抜けてしまった。

「ここはタンビエンじゃないんだろうか……」

そこから十分ほど走っただろうか。街はずれの道路脇にバスは停まった。車内を埋めていた乗客がぞろぞろと降りはじめた。

「ここ？」

腰を浮かせると、運転手が手で、座っていろという合図を送ってきた。車内は僕らふたりになってしまった。バスは林のなかにつくられた道を走っている。タンビエンはすぎてしまったような気がした。

「サマットが国境の街？　そこにもホテルぐらいあると思うな」

バスが到着したのはトラックターミナルの片隅だった。バス会社の詰所のような小屋がぽつんとあるだけだった。周囲は林で、建物がなにもない。

「サマット？」

運転手が首を縦に振った。そして、

「カンボジア」

と林のなかに続く道を指差した。

国境ぎりぎりのところに家が集まっているような気がした。土産物屋や食堂、そして宿……そんな国境は少なくない。ザックを背負い、三分ほど歩いた。目の前に見えてきたのは国境ゲートだった。サマットには宿などなかった。いったいどこがサマットなのかもわからない。ここまで来たら、もう先に進むしかなかった。

ベトナム側のイミグレーションには誰もいなかった。ゲート脇の守衛に指示され、三階建ての立派な建物に入ったのだが、なかは湖の底のように静まり返っていた。出国審査を行うブースがあったが、人の気配がない。しかし勝手に出国するわけにもいかない。午後の五時近かった。もう、国境を通過する人はいないのだろうか。

するとどこかから、ひとりの職員が現れ、こっちへ来い、と合図を送ってきた。

バスの終点サマット。ただのトラックターミナルです。ちょっと不安になる

ベトナム側から眺めるカンボジア。ゲートは立派だが、通過する人も車もわずか

そこはカンボジアからベトナムに入国する人のブースだったが、パスポートといわれた。ブースはどこであろうと、出国スタンプさえ捺してもらえればよかった。ベトナムのイミグレーションを抜けると、二、三百メートル先に、平屋の建物が見渡せた。そこがカンボジア側のイミグレーションのようだった。両国のイミグレーションの間は公園のようになっていて、国境を示す道標もあった。

カンボジアのイミグレーションには何人もの男たちがいた。建物のなかにいる職員は制服を着ていたが、外にいる男たちは上着を脱いでTシャツ姿だった。急にゆるい空気に包まれた。ビザオフィスは、イミグレーションとは未舗装の道を挟んだ反対側の小屋だった。そこに出向くと誰もいなかったが、横の東屋のハンモックで寝転んでいた男がむくっと身を起こした。この男がビザを発給してくれるらしい。はたしてなんというのか。僕と阿部カメラマンは三十ドル紙幣を手に窓口が開くのを待った。

ビザオフィスに入ってきた。東屋の柱にかけてあった制服を着ながら、人のよさそうな男だった。ベトナムからやってくると、急に人のあたりが柔らかくなる。カンボジア人はとろけるような笑顔を送ってくる。なんともほっとする表情なのだが、これがカンボジアトラップだった。笑顔の奥には、腹黒い本性が潜んでいる奴がたまにいる。つい騙されそうになってしまうのだ。

開いた窓口にパスポートを出した。すると職員はなにも見ずにビザシールをシートからはずしはじめたのだった。通常、ビザの申請用紙に、さまざまな個人データを書き込む。その内容は、入国カードよりかなり多い。そして、そこに写真を貼って提出する。

「あの……申請用紙は？」

「オッケー、オッケー」

職員は優しげな笑みをつくるのだった。なにがオッケーなのだろうか。ここまでカンボジアのビザはゆるいのだろうか。

職員はふたりのパスポートにシールを貼り、なにやら書き込みはじめた。ビザはすでに発給されたらしい。

ビザというものは、入国許可のようなものだ。パスポート情報や申請内容をチェックし、ようやく発給される。国によっては、その審査に一週間をかけることもある。

以前からカンボジアのビザは簡単だった。プノンペンの空港に到着し、ビザオフィスに出向く。申請用紙に書き込み、写真を貼って提出する。そこから先は流れ作業のようになっていて、五分ほど待つと名前が呼ばれる。そこでビザ代を払ってパ

この小屋のようなビザオフィスで５ドルやられました。緊張感はゼロですが

カンボジアの入国審査。顔写真を撮る。入国記録と照合している気配はない

スポートを受けとると、ビザシールが貼られている。

（ちゃんと審査をしているんだろうか）

いつもそう思うのだが、この国境はそれ以前だった。パスポートの内容も確認せずにビザを発給してくれる。

するとと職員は思わぬ行動に出た。胸ポケットからスマホをとり出し、僕らのパスポートの顔写真ページを写真に撮った。そして、

「写真」

といった。

（こうきたか……）

僕はすべてを理解した。申請用紙は彼が埋めてくれるのだ。写真というのは、申請用紙に貼る顔写真である。スマホでパスポートの写真を撮ったのは、後でそれを見ながら、ビザの申請用紙を彼が書くようだった。しかし、パスポートの最初のページには、日本の住所など記入されていない。ビザの申請用紙には、日本の住所や電話番号、職業などを書く欄があった気がする。そこは空欄になってしまうが、さしたる問題ではないのだろう。なにしろ、申請書類をチェックするのは彼自身なのだ。

ということは……。

彼はこういった。

「三十五ドルです」

「三十ドルじゃないんですか」

すると彼は、金をポケットに入れるしぐさをした。なんてゆるい国境なのかと思った。もう少し緊張感があるポイントなら、申請書類の作成代です、と彼は説明しただろう。勝手に自分でそんな流れにもっていって、五ドルの追加はないだろう。そんな空気になびかないように、冗談めかして、五ドルをポケットに入れるポーズを、カンボジア人らしい控え目な笑みと一緒に演出したのだ。

実際、怒る気にもなれなかった。

「カンボジアだな」

溜め息混じりに呟《つぶや》くしかなかった。

今回こそは三十ドルで……という試みはみごとに打ち破られ、ただ気だけが抜けてしまう。夕暮れの国境を、ビザシールが貼られたパスポートを手に、イミグレーションに向かうしかなかった。いったいなんという国なのだろうか。

入国スタンプを捺してもらった。そこでも普通なら書き込むはずの入国カードを渡されなかった。金は要求されなかったが、そういうものはなくてもいいらしい。カンボジアに入国するときに、いつも書かされているあのカードはいったいなんの意味があるのだろうか。

どこまでいってもゆるい国境だった。

イミグレーション前の道路を進むと、今日の仕事を終えた様子の職員がふたり、Tシャツ姿で煙草を喫《す》っていた。イミグレーションの職員は、仲よくなってもいいことはなにもない気はするが、英語が通じることだけは助かった。僕はコンポンチャムまで行きたいといったが、今日はバスもないという。ここから三キロのところにカジノが何軒かあり、そこにゲストハウスがあるようだった。近くにいたバイクタクシーを彼らが呼んでくれた。

朝食を口にして以来、なにも食べていなかった。ホーチミンシティから二時間ほどのタンビエンに泊まるつもりでベンタイン市場に向かった。そこから迷走がはじまった。路線バスを乗り継ぐつもりが、アンソングバスターミナルに着いてしまった。すぐに出るというサマット行きのマイクロバスに揺られたが、うまくタンビエンで降りることができず、着いたところは国境だった。

国境に宿はなく、押しだされるようにベトナムを出国し、カンボジアに入国してしまった。着いたところはトラペンプロンというところだった。街道に沿って家や商店が並んでいる。すでに日はとっぷりと暮れ、屋台は店じまいにとりかかっていた。

一軒の屋台に訊いてみた。

「うちはもう終わりだ。あそこにあるカジノのレストランなら大丈夫だよ」

「カジノ?」

「GMGっていうネオンが見えるだろ。あそこがカジノ。ここには何軒ものカジノホテルがあるからね。その前にカジノが経営するレストランがある」

その方向に少し歩いた。最初に目に入ってきたのは、「中国美食」という看板だった。

「中国美食」――。

漢字だった。そこに近づくと、「歓迎光臨」という文字が目に入った。

いまの世界は、どこへ行っても中国人観光客が目だつ。彼らは団体ツアーが多く、声が大きいから、どうしても視線を向けてしまうのだ。しかし金離れはいいから、レストランは漢字のメニューをつくり、土産店は漢字の看板を掲げるようになる。これは世界の多くの街の傾向でもある。

しかしベトナムでは漢字の看板はあまり見かけなかった。ハノイで入国してからホーチミンシティ、ダラットとまわったが、中国語はほとんど目にしなかった。実際は中国の資本がかなり入り込んでいるというが、表面では漢字を敬遠する。

モンゴルと同じだった。モンゴルの人たちの中国嫌いは徹底していた。街なかには中国料理店があるのだが、看板はアルファベットを使っていた。中国語を掲げた店が、反中国派に襲われたこともあるという。スーパーに入ると、中国製のインスタント麺やカップ麺はスーパーにずらりと並んでいるのだが、そのパッケージはすべて英語だった。漢字は一文字もなかった。

「どうしてそこまで中国を嫌うんです?」

「国境を接しているからね」

ひとりのモンゴル人がそう説明してくれた。そこには隣国同士が刻んできた歴史が横たわっていた。モンゴルは長く、中国の清に支配されていた。その時代に嫌中意識が定着したといわれる。ある調査では、モンゴル人の約九割は中国を嫌っているという数字が出たという。娘が中国人と結婚するのは「家の恥」とまでいわれる

国境を越えると中国……。そんな写真説明をつけたくなってしまう

社会である。

ベトナムでは以前、こんな話を聞いた。中国はこれまで何回もベトナムを裏切ってきた……と。『現代ベトナムの政治と外交』（中野亜里著、暁印書館）では、ベトナム人はこれまで三回、中国に裏切られたという話を紹介している。

一回目はディエンビエンフーの戦いで、北ベトナムがフランスに勝った後のジュネーブ会議、そこで中国はベトナムを南北に分断することを強いた。二回目はベトナム戦争時の米中接近である。アメリカと戦闘を続けるベトナムの背後で、中国はニクソンを公式に受け入れる。三回目は、カンボジアに侵攻したベトナムが対峙するポル・ポト派を中国が支援したことだった。

歴史の積み重ねのなかで、ベトナム人の心のなかには、中国への不信感が植えつけられていった。いまの中国には経済力があるからといって、簡単に近づくことはできなかった。また煮え湯を飲まされるという思いが燻《くすぶ》っていた。

中国と国境を接した国の人々には根強い嫌中意識があることはひとつの傾向のように映る。そもそも隣国は仲が悪い。中国人はときに中華思想を前面に出すから、よけいに反発する。

カンボジアは中国と国境を接していない。だからというわけではないが、カンボジアのフン・セン首相は、中国の資金力を経済発展に結びつけようとしている。フン・センはもともと、ベトナムの後ろ盾があって政権についた。カンボジアをめぐって、ベトナムと中国の関係はねじれているが、いまのフン・センにはベトナムは眼中にないようにも映る。

いまのカンボジアでは、そこかしこで中国語を目にする。しかしそれは、都市や工業団地の世界だと思っていた。ここはカンボジアの隅の国境の村である。そして隣接するのは、中国を嫌うベトナムである。こんなところまで、カンボジアにいる中国人や観光客はやってくるのだろうか。中国からの観光客が大挙してやってくるのは、やはりアンコールワットである。その位置はベトナムというよりタイに近い。アンコールワットを訪ね、このトラペンプロン村のカジノまでやってくることは考えにくかった。

僕らは空腹を抱えて、カジノホテルの前につくられたレストランに入った。ホテルの前庭に、十人以上が座ることができる大きなテーブルが十数個並んでいた。〇・七八ドルのアンコールビールを頼み、野菜炒めや肉料理を頼んだ。周囲に座る客を見ると、全員がカンボジア人だった。中国人はどこにもいなかった。ベトナム語も耳に届かない。家族連れと不倫のにおいのするカップルが多かった。カップルはわかるとしても、テーブルを囲む家族に首を傾げる。カンボジアでは、子連れでカジノで遊んでいいのだろうか。

カンボジアはタイ、ベトナム、ラオスと接している。そしてその国境の多くにカジノが建てられていた。客の多くは隣国からやってきた。とくにカンボジアとタイの国境は、その傾向が強かった。ルーレットや大小のテーブルを囲むのは、きっちりと髪の毛にパーマをかけた金もちタイ人のおばさんが多かった。ところがベトナム国境のこのカジノにはベトナム人の姿がなかった。テーブルの脇にレストランの厨房が並び、そこでも注文ができるスタイルだった。肉の串焼きがベトナム風だったが、ほかはカンボジア料理や中華である。

カンボジアでは中国の資本が入り、道が整備され、橋がつくられ、工業団地が誕生するなかで、土地代があがっていた。とくにプノンペンはバブル並みに高騰しているという話だった。そのなかで大金を手にしたカンボジア人がここまで遊びにくるのだろうか。空になったビールの缶がずらりと並んだテーブルも多い。大尽遊びの空気すらある。

中国語の看板の目的はなんなのだろうか。ここからコンポンチャムは遠くない。その街には工業団地や道路をつくるために、多くの中国人が暮らしているという話を聞いたことがある。彼らが車を飛ばして、ここまで遊びにくるのだろうか。

夜半から激しい雨になった。あまりの雨脚に、ゲストハウスの部屋を出てみた。部屋の前が駐車場になっていた。すると、奥のほうの部屋から、若い女性がひとり、傘をさして出てきた。雨のなかをカジノホテルに向かう。カジノは二十四時間営業である。その女性はそこで働いているのかもしれなかった。僕らが泊まったゲストハウスは、カジノホテルの従業員宿舎を兼ねているようだった。

翌朝の五時、コンポンチャムに向かう乗り合いバンに乗った。一日一便だけ早朝

カンボジアに入ると、急に表情が優しくなる。つい店員を見入ってしまう

ビールのプルトップ裏がくじになっている。「本当にあたりがある」ことから、いまのカンボジアはビールフィーバー。そういう国です

道がよくなっても屋根に乗る癖が直らないカンボジア人、嫌いじゃない

こんな道、カンボジアでは見たことがなかった。ちょっと照れる

に運行されていたのだ。メコン川を越え、七時すぎにはコンポンチャムに着いてしまった。

運転手が知りあいに連絡をとってくれた。プノンペン行きの乗り合いバンがやってきた。プノンペンまでの途中にある村に行くつもりだった。

コンポンチャムを発車した乗り合いバンは、南に向けて片側二車線の立派な道を百キロ近いスピードで進んでいく。左手には、茶褐色のメコン川がゆっくり流れている。この道も中国の援助でつくられたものだった。工事が進んでいると聞いてはいたが、コンポンチャムからプノンペンの間は、すでに完成していた。カンボジアの道とはとても思えない道路だった。これだけの道をつくってくれた中国に、カンボジア政府はべったりと寄り沿っている。この道路を見ると、カンボジアがさまざまな会議で中国を支持する発言を繰り返す理由がよくわかる。

そして中国の資本力は、カンボジアの小さな村を大きく変えようとしていた。次に訪ねたプレアプロッサムという村で、その現実を目《ま》のあたりにすることになる。

ベトナム国境のグレーゾーン

ベトナムは中国、ラオス、カンボジアに接している。それぞれの国との間の国境は通過することが可能だ。

中国との国境は四カ所ある。ハノイの北、ドンダンから中国の憑祥《ピンミャン》に抜けるルート、モンカイから東興《ドンシン》、ラオカイから河口《ハーコウ》がある。ハノイから南寧までの国際列車も走っている。ドンダンから憑祥へのルートとほぼ同じ道筋だ。

ベトナムとラオスの間でもいくつかの国境を通過することができる。最も北側の国境は、ベトナムのディエンビエンフーからラオスのムアンクアに抜ける山越えルートだ。ハノイからラオスのビエンチャンに向かう国際バスも運行されている。このバスは、ベトナム側のナムカンからラオスに入っていく。ベトナム中部のフエから西に向かい、ラオスのサワナケートまでの国際バス、ベトナムのダナンからラオスのパークセーに向かう国際バスも運行されている。

政治的な関係を見ると、ラオスはベトナムの弟分ともいわれている。そのため、両国の関係は悪くない。紹介したのは、国際バスが運行されているルートだが、それ以外にも通過が可能ないくつかの国境がある。国際バスはないため、ベトナム側とラオス側で、それぞれ別の車に乗らなくてはならない。越境する人が少ないポイントは、国境を越えた先に車があるという保証はない。しかし、これまでの経験からいうと、なんとかなる……といった感じだ。

この種の国境は、イミグレーションの職員も仕事があまりない。暇なのだ。車がなくても、彼らが携帯電話で呼んでくれることが多い。

中国、ラオスとも、短期の滞在なら、日本人はビザをとる必要はない。ただし、ラオスの場合、週末になると越境手数料をとられる。この額がかなりアバウトだが、五ドル以内におさまると思っていい。

ベトナムからカンボジアへの国境については、本文でも紹介している。サマットからカンボジアに入る国境の北側にも、カンボジア北部に入る国境があるようなのだが、どうもはっきりしない。

国境を通過できるか……という情報を調べるのはなかなか大変だ。国境は開いているが、通過できるのは接する両国の人のみというローカル国境もある。日本人は通過できないわけだ。

国境というものの情報を集める難しさもある。たとえばベトナム大使館に出向き、国境の情報を訊いたとすると、きっとこんな答が返ってくるはずだ。

「ベトナムからは出国できます。ただ先の国が入国させてくれるかどうかは、私たちにはわかりません」

国境というものはそういうものなのだ。多くの人が通過する国境ならいいが、越境する人が少ないポイントになると、大使館でも、確かな情報をつかんでいないことも多い。

結局は行ってみるしかない。……ということになってしまう。

ネットで検索すると、さまざまな国境通過情報がひっかかる。そのなかには、本当に通過したのかわからないような情報も含まれている。

それを確認するポイントは次のふたつだと思う。

一、通過した年月日が明記されているか。

二、国境付近の両国の写真が紹介されているかどうか。

これをクリアしたからといって、確実に越境できるという保証はないのだが。

ベトナムの場合、もうひとつの問題がある。出国するときはとくに制約はないが、入国時、出国する航空券をもっていることが条件に加えられている。ベトナムに陸路で入国し、近隣国に陸路で出国する場合、この航空券がない。

両国のイミグレーションの中間に国境の碑。裏はカンボジア語

しかしベトナムに陸路で入国するとき、出国航空券の提示は求められないことが多い。僕も何回か、陸路で入国しているが、航空券の提示をいわれたことがない。これは出国時のグレーゾーンだと思っていい気がする。

カンボジアはタイ、ベトナム、ラオスに接している。タイからカンボジアに陸路で入国する人が多く、越境できるかどうかははっきりわかる。ラオスからカンボジアに入るときも同様。しかし本文でも紹介しているように、悩みは到着ビザ。なにかと料金を吊りあげてくる。これを防ぐために、事前にビザを大使館かネットで収得する人も少なくない。しかし悪名高き、カンボジアのイミグレーション。なにをいってくるかわからないことは頭に入れておいてほしい。

第七章　カンボジアの村

工業団地が村に伝える高度経済成長

コンポンチャムから乗ったマイクロバスを降りたのは、メコン川に架かった大きな橋の袂《たもと》だった。プレタメック橋と呼ばれていた。

この橋を越えてから、さらに三十分ほど車に揺られた先にある村を、年に一、二回訪ねるようになったのは、二〇〇四年からだった。ひと組の日本人老夫婦がそこに家を建て、ひょんなことで知り合いになったからだ。いつもその家に泊めてもらった。周辺に宿がなかったのだ。

その後、老夫婦は体調を崩して日本に帰国した。しかし老夫婦と一緒に暮らしていた息子が、カンボジア人の女性と結婚し、その家からそう遠くないプレアプロッサムという村に暮らすようになった。僕の行き先は、その村になった。

プレタメック橋を渡った一帯に、十年以上かかわってきたことになる。その間に、村の暮らしはずいぶん変わった。それを目のあたりにしてきた。

そんな話をしてみようと思う。

この定点観測のような村の変化は、カンボジアの『クロマー』というフリーペーパーに連載していた。長い時間をかけた連載だが、今回、この本に合わせて書き直してみた。年代などわかりにくい面があるかもしれないが。

＊

話は老夫婦が家を建てた村からはじまる。

その村をはじめて訪ねたとき、メコン川に架かる橋はなかった。プノンペンで乗ったラーンと呼ばれる乗り合いマイクロバスは、フェリーに乗ってメコン川を越えた。運賃は一、二ドルだった。

村には三百軒ほどの家があった。カンボジアのなかではありふれた村といってもいい。

農家が多かったが、僕が通いはじめた頃から、家先で店を開く家が増えた。理由は村の中央を走る道がベトナムへとつながったからだ。雨季になると大変なことになった未舗装路が舗装された。

村はそのころから変わりはじめたように思う。それまで、道を走るのはバイクや自転車、そして馬車が多かった。ときおり、泥だらけの車が走り抜けることはあったが、さして気にもならなかった。しかし道が整備されたとたん、大きなトラックが姿を見せた。それもかなりのスピードで走り抜ける。そのたびに、近所のおばさんは肩をすくめるようなしぐさで、こういうのだった。

「道が怖くなった……」

おばさんは道端にござを敷いて、川で獲れた魚をよく干していた。その場所が変わった。道から離れた家の入口にござを広げるようになった。トラックが巻きあげる埃で、魚が汚れてしまうからだ。

しかし朗報もあった。電気が通じたのだ。それまで資金のある家は小型の発電機を買って電気を起こし、テレビを見ていた。しかし一般の家は、ろうそくやランプだった。そこに電気が届いたのだ。村の人によると、だいぶ前に電柱だけが道に沿って立ったという。

「ついに電気がくる……」

村の人たちは色めきたったが、何年たっても電線のない電柱が道端に立っているだけだった。それが道の整備を追うように、前触れもなく電線工事がはじまり、ついに村に電気が届いたのだ。

電気が通じはじめた頃、停電がしばしば起きた。夕方になると、一斉に電灯をつけるからだといわれた。それほどの電流しか流れていないのか……と思ったものだ

舗装路から１本裏に入ると……。僕にとってカンボジアの原風景だ

が、おそらく工事が杜撰《ずさん》だったためのような気がする。

その村に電気が通じてから半年たった頃、一軒の家から夕飯に呼ばれたことがあった。

高床式の家だった。食事は階段をのぼった部屋に用意されていた。そこに新品のテレビが置かれていた。

「買ったんですか？」

「電気が来たんでね。子供がテレビばかり見ていて困りますよ」

主人はそういって、コップにビールを注いだ。それまで、子供たちは二軒隣の村の実力者の家にテレビを見にいっていた。その家は夕方になると、発電機のスイッチを入れていたのだ。

電気が通じて、ほかになにか買ったのだろうか。訊くと、「電球」という間の抜けたような答が返ってきた。しかし最近は電球といってもLEDである。それ以外は?と訊くと、頼りない笑みが返ってくるだけだった。暑くなってきたら、安い扇風機を買うつもりはあるという。

「冷蔵庫とか……」

「高いですから。それに、とくに必要ないですよ。毎日、氷を買っていれば」

以前から村の家々には、大きめのクーラーボックスを使った冷蔵庫があった。毎朝、子供が近くの氷屋に買いにいく。角柱型の氷は、長さが五十センチほどで一ドル。それをクーラーボックスの底に入れる。

家によっては、クーラーボックスのなかに棚をつくっていた。野菜や肉、魚は棚の上に載せる。それで一日は十分にもった。とくに電気冷蔵庫の必要性を感じていないようだった。

「そんなもんだろうか」

それから村の家々を訪ねるたびに、電気冷蔵庫について訊いてみた。電気が通じ、一年ほどがすぎたとき、二十軒ほどの家に訊いてみた。電気冷蔵庫を買った家は一軒もなかった。

食堂には毎朝、こうして氷が届く。食堂にも冷蔵庫はまだない

電気が通じたとき、村の人は、「待ち焦がれた電気がやっと通じた」と、こぼれんばかりの笑顔をつくった。しかしそこで買ったものは、電球やソケットなどの電灯類とテレビだけだった。いや、携帯電話の充電も楽になっただろう。しかしそれだけなのだ。

カンボジアの村の生活の電化とは、この程度のことだったのだ。

彼らの暮らしを見ていると、クーラーボックス型の冷蔵庫で十分という気になってくる。そもそも、冷蔵庫に入れる量がそれほど多くない。市場はバイクで三分ほどのところにある。そこへ行けば、いつでも新鮮な野菜や肉、魚が売られている。日本のように安売り情報もないから、まとめ買いはしない。買った食材は、一日か二日で使い切る感じだ。電気冷蔵庫に費用対効果を感じないのだろう。

カンボジアは暑いから、氷を入れた飲み物をよく飲む。そんなときは、クーラーボックスの底に入れてあった氷をとり出し、氷割りでコン、コンと叩くと、コップに入るサイズの氷がすぐにできてしまう。あの氷割りは優れものだと思う。鉄製パイプを二十センチほどの幅で切り、縦半分に割ったものなのだが、丸い側で氷を割ると、本当に簡単に手頃なサイズの氷ができてしまうのだ。

アイスピックなどよりずっと使い勝手がいい。カンボジアの氷は軟らかいからだろうか……といつも考えてしまう。

彼らの暮らしのなかでは、氷をつくる製氷室つきの冷蔵庫もいらない。

村での暮らしは、一本一ドルの氷があれば、なにも問題がないように映るのだ。

その暮らしが変わっていく──。予感は一本の道だった。

老夫婦の家に泊まり、そこから日本に帰るとき、プノンペンまでトゥクトゥクに乗ったことがあった。村の人が買い出しにいくという。そのトゥクトゥクに乗せてもらうことになったのだ。

普通は村から二十分ほど走ると出るメコン川をフェリーで渡るのだが、そのとき

村の市場は賑やかだ。入口には ATM が設置された。これも時代だ

は村から南下する道を延々と走った。

「いつもと道が違うけど」

「新しい道ができたんだ。こっちのほうが早いんだよ」

村の人が説明してくれた。

道は急に広くなった。そして高速道路の料金所のような建物が見えてきた。そこに職員の姿はなく、トゥクトゥクは料金を払わずに通りすぎた。

「高速道路？」

「将来はそうなるみたい。中国が道をつくっているんだよ」

そういえば道端に、工事のときに車を停める看板やパネルが積みあげてあり、そこには中国語が書かれていた。

中国——。

中国は建設機材や資材まで本国から持ち込んでいた。きっと作業員もやってきたのだろう。中国スタイルだった。

村が変わりはじめていた。

道ができ、電気が通じる。それはプノンペンから車で二時間ほどの村にとっては大変なことだった。家には電灯がつき、テレビが置かれるようになった。しかし村

プレタメック橋。年を追って交通量が増えている気がする

の生活はそこから先にはなかなか進まなかった。

電気が通じたからといって、村の人たちの収入が増えたわけではなかったのだ。

村を変えたのは工場だった。

村から車で十五分ほどのところに、中国の援助というより、中国の資金と中国人の手で工業団地が完成したのだ。それと同時に、メコン川に架かる橋も完成した。プレタメック橋である。以前はメコン川を渡る片道一、二ドルのフェリーが頼りだったのだが、そこに立派な橋が完成したのだ。工業団地でつくられた製品を運ぶことが目的だった。

メコン川の漁師は健在。ただ、しばしばスマホをいじっている

工業団地は不動産ビジネスである。造成地に工場を建ててもらうにはインフラを整えることが必要だった。橋はそのための投資だった。

それまで、村の若者の多くは、高校を卒業すると、プノンペンに出ていった。村には仕事がなかった。プノンペン近郊にある工場で働くことが多かった。週末になると、実家に帰ってくる生活である。

ところが村のすぐ近くに工業団地が完成したのだ。そこには縫製業を中心とした工場が建っていった。ヨーロッパや韓国の会社の工場だった。

村の若者がすぐにその工場で働きはじめたわけではなかった。彼らにとって、プノンペンに出ることは夢でもあった。親元から離れることにも魅力を感じていたのかもしれない。

はじめに働きはじめたのは、女の子だった。親にしてみたら、プノンペンに娘を出すことが心配だったのだろう。臆病な女の子にしたら、実家から通勤できる工場は安心だった。

問題は給料だった。

月給は百ドルという話だったが、それをはじめから信じる村人は少なかった。百ドルという額は、プノンペンの工場で働いた場合であって、田舎では、本当にその金額が払われるはずがない……。多くの村人がそう考えていた。

しかし工場で働きはじめた高卒の女の子が、本当に百ドル紙幣を受けとって帰宅したとき、村の人たちの目つきが変わった。

「本当に百ドルを払うんだ」

村の人たちは急に浮き足だってきた。

工場で働きはじめた女の子は、百ドルの給料を、そのまま親に渡した。彼女たちの発想のなかには、自分で稼いだ金を自分で使うという考えがない。給料はそっくり家に入れ、いままで通り、家で食事をし、親からわずかな小遣いをもらう。そんな生活になんの不満も抱かなかった。

親にしてみたら、実際に働いているわけだから、小遣いの額を増やしただろう。それで女の子は幸せだったのだ。

しかし僕は、家のなかで生まれるであろう歪《ゆが》みが気になっていた。村の人たちの現金収入は多くない。月に百ドルの現金を手にする家はそう多くなかった。村の警察官と酒を飲んだことがある。彼の月給は八十ドルだった。カンボジアの警察官だから、裏の金も入ってくるだろうが、その金額を口にできるということは、悪くない月給を得ているという裏返しでもあった。

ところが高校を出た女の子が、なんの経験もないのに百ドルをもらってくる。その額は、父親より多いのだ。一気に家の稼ぎ頭になってしまう。

高度成長とはこういうものなのだろうか。村で育った若者は、なんの疑問も抱かず、給料を家に入れる。しかしその額が、父親の給料より高いことを知っている……。

女の子たちの仕事は、ミシンを使い、衣類を縫っていくことだった。仕事は楽ではなかったが、重労働というわけでもない。

工場で働く——。この噂が、その村だけでなく、周辺の村、そしてプノンペンにも届いていった。

プノンペンの工場もはじめのうちは月給が百ドルというケースは多かった。しかし親元を離れるわけだから、生活費がかかる。共同でアパートを借り、食事は自炊。しかし物価の高いプノンペンでは、やはり出費がかさむ。プノンペンから村に戻ってくる若者が少しずつ増えていった。

便利になった交通、仕事がある工場……。村の人たちが戸惑いがちに眺めていた工業団地は、大きなうねりを村に起こした。村の人たちは、経済成長というものを実感していったといってもいいかもしれない。

僕はその間も何回か村を訪ねていた。

老夫婦は日本に帰国し、現地の女性と結婚した息子が住むプレアプロッサム村が僕の拠点になっていった。ここはメコン川にも近く、老夫婦が暮らしたエリアより早く電気も通じていた。しかし暮らしは、老夫婦が暮らした村と大差はなかった。高床式の家々が並び、道に沿って携帯電話店や雑貨屋が店を開いている。

しかしその間にも、村の暮らしは、着実に豊かになってきていたのだろう。市場の賑わいを目にすると、その感覚が伝わってくる。

村の人たちがどれほどの暮らしをするようになってきたのか。老夫婦の息子に相談し、一カ月にかかる費用を書きだしてもらうことにした。協力してくれたのは、村では中の上といった暮らし向きの家だった。家族は七人。父親は公務員だった。おじいさんとおばあさんもいる。子供は三人。長男は二十二歳で、村の近くにある工業団地の工場で働いていた。

その内訳はこんな具合だった。

電気（六十キロワット）	約二十ドル
水（乾季）	約十ドル
携帯電話（三台）	約十ドル

衣服　約二十五ドル
薪《まき》　約二十五ドル
教育（学生はふたり。塾代も含む）　約四十ドル
ガソリン（バイク）　約二十ドル
鶏の餌　約二十五ドル
食費　約五百ドル
夫の小遣い（酒代約五十ドル、コーヒー代約二十ドル、煙草《たばこ》約十ドル）　約八十ドル

総額で七百五十五ドル——。

「日本人に訊かれたから、見栄を張っていると思いますよ。実際はこれほど使っていない。食費は二百ドルってところじゃないですか。しかしそれ以外はこんなもの。四百ドル前後でしょ。家族が多いから。主人は公務員だから、いろいろ副収入もある。それにこの家は長男が稼いでいるからね。それで一気に金を使うようになったんだと思う」

「長男って、縫製工場で働いている?」

高度経済成長でも水は防ぐことはできない。家はときどき水没する

子供が多い村だ。彼らもすぐに経済に巻き込まれていくんだろうなぁ

「そう。彼は高校を出てすぐに働きはじめて、いまは管理する側になっています。きっと頭がいいんですよ。聞いた話では、長男の月収は四百ドルを超えているらしい」

「二十二歳で四百ドル」

「昔は考えられなかった額ですよ」

おそらくこの家は、長男が働く前は、月々二百ドル程度で暮らしていた気がする。それが月給をそっくり家に入れてくれる長男のおかげで、生活費は二百ドルアップしたわけだ。

長男に会ってみた。村のどこにでもいるようなタイプだった。顔には幼さが残る。まだ二十二歳なのだ。

「給料？　全額、家に入れています。毎月、母親から三十ドルの小遣いをもらっています。村で暮らすぶんには、それで十分。家で食事をとるので、食費もかかりません」

溜め息が出るほどの孝行息子ぶりを口にする。

彼のバイクに乗って工場を見にいくことにした。途中までは舗装路だったが、工業団地に入ると未舗装の道も出現した。広大な空き地が残っている。まだまだ工場が増えていくという話だ。道に沿って、不動産会社の看板が続く。工業団地を巡って、大きな金が動いているのだろう。

彼が働く工場へは、バイクで三十分ほどかかった。工場は休みだった。道を挟んで平屋の宿舎が並んでいた。

「プノンペンやもっと南のほうから働きにきた人がここを利用するんです。僕もはじめはここで暮らしていました。食事？　いまは食堂もできたけど、僕のいた頃は自炊。毎日、同じものばかりでしたけど。でもいまはもっと便利ですよ。朝になると、工場の近くに市場ができるんです。屋台も多い。ここで暮らしている人向けです。村の市場より賑やかですよ」

青年は笑った。

こういってはなんだが、それほどうまい英語ではない。僕はカンボジア語ができないから、基本的に英語になる。彼は高校を出ただけだから、そのレベルの英語なのだ。

「毎日、できあがったものの数の管理とラインの調整。それが僕の仕事です。毎日、パソコンと向かい合っています。上司は女性です。彼女はプノンペンの別の会社の工場からやってきた人。会話はカンボジア語。英語はあまり使いません」

おそらくもともと管理能力があったのかもしれない。彼の人生は、この工場で大きく変わった。

「いまは家から通ってるんでしょ」

「そう、おじがバスを買ったから。名義は父だけど」

「バス？」

「村と工場の間を走るバスなんです。おじが父親と一緒にバスを買ったんです。運賃は片道一ドル。僕はただだけど」

彼の給料があるからできたことだった。コンスタントにある収入。それも四百ドルという額だ。それを見ると、銀行も金を貸すのだろう。そのバスを使い、工場で働く若者の送り迎えをはじめたのだという。

村に戻り、バスを見せてもらった。中古だったが、大型バスである。毎朝、百人を超える工員が乗り込むという。もうすし詰め状態である。

しかし一日に二百ドル近い収入になる。

彼が支えはじめていたのは、彼の一家だけではなかった。親戚たちも潤いはじめていた。子供が工業団地で働くということは、そういうことだった。固定収入が生まれる。すると、金を借りるハードルが一気にさがっていくのだ。

いまの工業団地内は、商店建設ラッシュ。村の地図は大きく変わっていく

この工業団地はスカイランドという。中国系企業の儲けは膨大になるはずだ

農業ではこうはいかなかった。小さな店をもっても、銀行が貸す金は知れている。しかし毎日、工場で働き、決められた日に給料をもらう。カンボジアの村を変えていくのは、このシステムだった。工業団地は村の暮らしを次々に変えていった。

工場に向かう途中の沿線の風景を思い起こしていた。以前はなにもなかった沿道に食堂が三軒もできていた。どれも規模が大きい。ゲストハウスもオープンした。入口からのぞくと、平屋のコテージタイプで、駐車場もそろっていた。

「工場関係の人は、プノンペンから自分の車で来ますから」

村の青年が説明してくれた。

工業団地の朝は賑やかだった。続々と大型バスやマイクロバスが到着する。車から降りる工員は女性たちが多い。ざっと数えると、バスの数は三十台を超えていた。村から工場への送迎はブームのビジネスになっていた。

トラックやバスから降りた女性は、工場の前の道を挟んでオープンした洋服屋に寄る。働く前のショッピングというわけだ。

食べ物屋台も何軒も出ている。カンボジアの小学校や中学校の朝のようだった。カンボジアでは、学校の前の屋台で朝食をとって登校する子供が少なくない。その

プノンペンの最新ファッションが工業団地に届く。狙いは工員の小遣いだ

午前11時、工員が一斉に出てくる。工場の前は昼食戦争。迫力です

流儀なのだ。

弁当を積み上げている店もある。

「仕事がはじまる前に、職場で食べる若者もいるし、昼の弁当を買っていく人もいるんですよ。ここで店をやる前？　村の市場で食堂をやってました。そこはいま、弟の奥さんに任せている。私はこっちが忙しいから」

訊くと朝と昼だけではなかった。通うことが大変な人は、ここで寝泊まりする。そんな若者は、近くに工場で働く人たち向けのアパートが次々に建てられていた。

工場の前の店で夕飯も食べるのだ。

「村の市場でお客さんが来るのは昼まで。午後になるとぐっと減る。いまも市場の店は午後の三時ぐらいには閉めてしまう。でもここは一日中です。夜のぶんの収入はうれしいね」

店のおじさんは朝日のなかで、手を休めずに笑顔をつくる。

工場の前には、一階が店舗で奥が住居というスタイルの家もつくられていた。仮オープンといった雰囲気だが、すでにほとんどが埋まっている。食堂や洋品店、携帯電話ショップ、雑貨屋……。そこはもう、ひとつの商店街なのだ。その多くが、村で商売をしていた人たちだという。彼らは工業団地に出店しているのだ。

「工業団地ができて、新しい街ができる」

そういうことらしい。

工業団地はプレアプロッサム村も変えていた。

「最近になってね、道路沿いに英語学校が次々にできているんです。授業料は三カ月で五百ドル。村の人々の収入を考えると、安くないですよ。でももう四校。人口千人ほどの村にですよ。ビジネスとして成り立つようになったんです」

村の道を歩いていると、ときどき、子供たちが英語であいさつしてくることがあった。考えてみれば最近のことだ。彼らは英語学校に通っているのだろうか。

村の英語学校……。それはNGOなどが運営するボランティアベースの学校。それがカンボジアの田舎の風景だった。日本人のなかにも、資金を送っている人は少なくない。日本人の若者が体験的に英語を教えているところもある。

この村にもNGOが運営する英語学校がひとつある。二〇〇一年に開校した。最近、増えている英語学校とは違う。先生に話を聞いてみた。

「クラスにもよりますが、授業料は三カ月で四・五ドルから。安いです。NGOですから」

学校は一軒家を改装していた。入口には自転車がぎっしりと停まっている。

「生徒たちは朝、ここまで自転車できて、ここに置いて、小学校に通うんです。遠い子は家から十キロも自転車をこいできますから。学校が終わると、ここに戻ってきて、英語を勉強して、家に帰っていくんです」

見ていると、先生は生徒たちのいい相談相手でもある雰囲気が伝わってくる。カンボジアの村への援助に関心がある日本人は、目を細めてしまうような学校だ。実際、この種のNGO系の学校が、子供たちの意識を高めてきた。いま、この村の工場で働く若者の多くは、この学校の卒業生なのだろう。

しかし新設された四校の英語学校は発想が違う。本格的に英語を身につけさせる学校なのだ。いってみれば日本の塾。中学校や高校の先生が転職して教えているところもあるという。きっと先生たちの給料も高いのだ。なにしろ授業料は三カ月で五百ドルなのである。

村の高校を出た子供たちが工場で働く。そこでわかってくることは英語力の重要性だった。工場はすべて外資系だから、経営者とのやりとりは英語になる。英語を使うことができる若者は抜擢され、月給が四百ドル、五百ドルと跳ねあがっていく。こういう現実を親たちは目のあたりにしてしまったのだ。

工場で働く若者の給料を、弟や妹の教育費に充てようと考えても不思議ではない。

村の食堂の景気もいい。
客の注文はおかずが１品
多くなったとか

その需要を見込んで、村には英語学校が新設されていくわけだ。

工業団地は英語学校を引き連れてきたということだろうか。

ゆったりとしたカンボジアの村の暮らしが変わりつつある。NGOの学校より、本格的に英語を教える学校への人気が高まっていく。それは日本人が描く、カンボジアとはずいぶん違う社会である。

カンボジアの村はその流れに巻き込まれようとしている。

村の若者がこんなことも教えてくれた。

「水道も引かれたんですよ。一部ですけど」

カンボジアの村には、基本的に水道はない。メコン川に沿ったこの村は、雨水とメコン川の水を使っていた。各家には、雨水を貯める大きな瓶《かめ》が三～四個、庭に置かれていた。

しかしその水だけでは足りない。とくに乾季はなおさらだ。

この村にいると、僕は毎日のようにメコン川の土手に行く。川を行き来する小舟をぼんやり眺めている。するとたまに、タンク車がやってくる。男たちはそこからホースを川までのばし、小型発電機を使って、ドドドドーと水をくみあげていく。

訊くと、村の家に配るのだという。空になった水瓶や水浴び用の水槽に、メコン川の水を補給するのだという。

この村はメコン川に面しているから、水には恵まれているのだ。その村に水道が引かれたという。はじめ、国や地元の自治体の事業かと思った。とすれば、パイプが橋の下あたりを通っているのかもしれない。しかしそんなパイプはどこにもなかった。

「民間の水道会社ですよ。いろんな村に水道を引いて儲けようとしているんです。以前だったら、お金がかかる水道なんて、誰も見向きもしなかった。でも、ここは工業団地ができて余裕が出てきたと読んだようなんです」

水道を引いた家を見にでかけた。メコン川からの距離は二百メートルほど。高床式の家の一階に、流しが置かれ、そこに水道がつくられていた。半年前に引いたという。

「ほらッ」

家のおばさんが蛇口をひねってくれた。水が勢いよく流れだした。おばさんはなんだかとてもうれしそうだった。

「楽ですよ。乾季になっても水の心配をしなくていい。消毒されているから安心。それに立ったまま洗濯や食器を洗えるんです」

大きな水瓶は村の暮らしの必需品。これもしだいになくなっていく？

村の人がときどき、水道見学に来るという。おばさんはちょっと得意気だった

瓶の水で洗っていたときは、大きな洗面器に水を移していた。風呂で使うような小さな椅子に座って洗い物をしていた。

システムを教えてもらった。メコン川沿いに小屋ができていた。そこでメコン川の水をくみあげ、消毒をする。太さ三センチほどの水道管を水が流れ、家まで届いていた。

「工事費は最初に六十ドル。水道料金は一立方メートル二千三百リエル。水道料金？　えーと、これが領収書。二カ月前ですが、一カ月二十四立法メートルで五万五千二百リエルでした」

五万五千五百リエルは、日本円にすると千五百円ほどになる。この負担ならなんとかなるまで、村の暮らしは豊かになったということだろうか。

もっとも瓶に貯めた雨水も使っているが。

水浴びも水道かと思ったが、こちらは水槽に貯めた水を使っていた。シャワーへの欲求はないようだった。

カンボジアの村らしい水の使い方だった。

＊

今回もプレアプロッサム村に滞在した。いつもは、老夫婦の息子の家に泊まるのだが、工業団地への客を当て込んでつくられたゲストハウスに泊まってみた。昼間はすいていたが、夜になると車に乗った客が何組も現れた。宿はそこそこ埋まっているようだった。

朝、目を覚まし、ゲストハウスの入口にできたコーヒーショップに入った。クッキーも売る、プノンペンにあるチェーン店だった。村は首都のチェーン店が出店するほどになっていた。店にはWi-Fiの電波も飛んでいた。

村は一時に比べれば落ち着いてきたような気がした。工業団地は、村の日常のように溶け込んできたということだろうか。

いつものように村のあちこちをまわり、メコン川の土手でぼんやりしていた。

変わったこともあった。工業団地の工場で働き、月給四百ドルの収入を得ていた青年はいなかった。プノンペンの会社に引き抜かれたのだという噂だった。もっと高い給料をもらっているのかもしれない。

工場へのバスを運行させていた彼のおじさんの家族はばらばらになってしまった。バスを走らせ、かなり儲けたのだろうか。隣の村の女性に走ってしまったのだという。怒った奥さんは、ふたりの子供を連れて、シェムリアップにいる姉の家に行っ

村にできたゲストハウス。１泊12ドルと安い。村の物価に合わせている？

ゲストハウス前のコーヒーショップ。コーヒーは1.5ドルとプノンペン価格

てしまった。

家にはおじさんの長男とその奥さんが暮らしていた。タトゥーを彫る仕事をしていた。工場で働く若者の間では、タトゥーが流行っているのだという。

中国製バスが凌駕したプノンペンの市内バス

プノンペン市内の足——。これまではトゥクトゥクという三輪タクシーかバイクタクシーだった。市内から空港へ向かうときも、バイクを使うことが多かった。最近のプノンペンは、渋滞がかなり発生している。バイクタクシーは、車の間を縫うように進んでくれるから早かった。

面倒なのは運賃交渉だった。空港までバイクタクシーに乗る客などめったにいないようで、市内から空港までの相場がない。二十ドルといわれたこともあったが、一ドルと指を一本立てた若いバイクタクシーのドライバーもいた。おそらく彼は空港への距離を把握していなかったのではないかと思う。走っても走っても着かない空港に、盛んに首を捻っていた。

一ドルという運転手に対して「それは安いよ」というような心清らかな性格をもちあわせていない。うまくいけば一ドルで大丈夫かもしれない……という下心はあるものの、「君が一ドルといっただろ」などといい張る欧米人ぶりもない。バイクの後部座席に座りながら、着いたら二ドルぐらい渡すかと思ってしまう旅行者である。結局、空港で二ドルか三ドルを追加で手渡した記憶がある。一般的には、五ドルから十ドルの間という額が落としどころのような気がするが。

路線バスが走っていればいちばんよかった。タクシーが幅を利かせていたホーチミンシティも路線バスの街になりつつある。そろそろプノンペンも……と思うのだが、道路を走る路線バスはいっこうに目にしなかった。

ところが今回、プノンペンの路上を歩いていると、ときどき「05」とか、「01」という番号を掲げる路線バスを目にした。空港までも路線バスを利用できるような気がした。

調べてみると、二〇一四年から、JICA（国際協力機構）の協力を得て、プノンペンでも、路線バスの整備が進んでいた。

本格化するのは二〇一六年からだ。カンボジア政府とJICAは、その年の十一月、十三・九六億円の無償資金協力をまとめた。

この金額には、バス八十台、バス停の整備費などが含まれている。この資金で、韓国製の中古バスが走りはじめた。

ところがはじめからそういうことになっていたのだろうか。カンボジアでは

空港と市内を結ぶ路線バスは03番。これから僕の足になることはたしか

常に一位の援助国という自負があったのだろうか……。その後、中国がバス百台の寄付を発表した。

二〇一七年、プノンペン市内の路線バスは一気に整備された。舗道を歩いていると、ときどきバス停が出現した。屋根つきのベンチもある。バス停には路線図が掲げられて、英語も併記されていた。これがあれば、バスで市内を動きまわることができる。

泊まっているホテルの近くを「02」番のバスが走っていた。バス停で待つと、ほどなくしてバスが現れた。運賃は千五百リエル、約四十二円とうれしくなるほど安い。

バスは中国製だった。一時、日本の

援助で走りはじめた韓国製の中古バスはなぜかすっかり姿を見なくなった。車体に、やや控えめに、「中国援助」と書かれていた。中国製バスに凌駕された感がある。車内は冷房も効いていて快適だった。路線バスが運行していることを知らないプノンペン市民も多いようで、車内はすいていた。

途中で「03」番に乗り換えた。やはり運賃は千五百リエル。市内から三十分ほどで空港に着いた。これからは、空港から市内まで路線バスを使うことができる街になった。

「03」番のバスの車内では、路線図が配られた。それによると、二〇一七年の十一月現在、十一路線にバスが運行している。

第八章　アンコールワット

夕方からは入場無料の
カンボジア人世界が広がる

アンコールワットの入場料が、二〇一七年の二月一日、突然、値あげされた。一日入場料が二十ドルから三十七ドル、三日間の入場料が四十ドルから六十二ドル、一週間入場料が六十ドルから七十二ドル……。一日入場料の値あげ幅が大きい。アンコールワットを訪れる人の一般的なコースは、アンコールワット、アンコールトム、タプロムを見学するもの。ゆっくりまわって六時間、早まわりなら四時間ほどで終わる。多くの観光客が一日入場券を買う。その割合は半分以上だという。つまり、いちばん収益のあがる部分を狙ったような値あげである。

アンコールワットの遺跡群一帯を管理しているのはアプサラ機構と呼ばれる組織だ。正式には、アンコール地域遺跡保護管理機構。アンコールワット遺跡群が世界遺産に登録されたとき、ユネスコから、アンコールワット遺跡群を管理する組織が必要という条件が出された。それを受けて一九九六年に設立された。

アンコールワットを管理する機構……こう聞いたとき、仄暗《ほの》い世界が見え隠れしてしまう。ひとつの組織に利権を与えるということは合理的と考えるのは欧米風の発想で、それはカンボジアではあまり通用しない。カンボジアという国や国民性をある程度知っていくと、すぐに裏金の世界に結びついてしまうのだ。

以前、アンコールワットを管理していたのはベトナムだった。カンボジアに侵攻したベトナムは、その後、フン・セン政権の筋道をつくる。ポル・ポト政権時代が終わり、フン・セン政権が成立したものの、カンボジアには荒廃した国土が広がっているだけだった。収益を生むものはほとんどなかったが、唯一、アンコールワット遺跡群があった。ベトナムはこの遺跡を管理し、その入場料収益を得ていった。

その後、表面的には、管理はカンボジア政府に移されていくが、裏ではベトナムにつながっている……と多くのカンボジア人は思っている。年間二百万人を超える入場者が支払う入場料は六千万ドル以上になった。そんなおいしい収入源をベトナムが手放すわけがないというカンボジア式発想だ。アプサラ機構は裏でベトナムに通じ、入場料収入の一部はベトナムに流れている。確証がとれる話ではないが、カンボジア人の多くはそう思っている。そして今回の値あげも、背後にはベトナム……と。

アンコールワット観光の拠点になるシェムリアップにはいま、さまざまな噂が流れている。発端はアンコールワット入場券の発売所の移転だった。

午前中に用事があり、僕らがアンコールワットに向かったのは午後二時頃だった。通りすがりの、気のよさそうなトゥクトゥクおじさんと交渉した。写真を撮るため、どのくらいの時間がかかるのかわからなかった。そこで片道運賃にしてもらった。十ドルだった。おじさん運転手は、迷いもせずに、新しい入場券売り場に連れていってくれた。元の売り場は、アンコールワットへ向かう道沿いにあったが、そこよりだいぶ西に移動していた。

建物は立派だった。土産物売り場があり、その奥に発券窓口が並んでいる。時刻は午後三時近かった。窓口の近くに案内係の女性がいた。聞きとりやすい英語で、こう訊かれた。

「これから行くんですか？　一日券でいい？」

「半日券があればいいけど」

「それはないんです」

三十七ドルを払った。やはり高い。

入場券売り場の移転は、建設が決まった新空港とリンクしていた。新空港の着工は二〇一八年。四、五年後には完成するという。建設はカンボジアのことだから、中国の企業が請け負うことになる。

シェムリアップ市内。韓国系の店に代わって中国料理店が増えている

新空港は、いまの空港とはシェムリアップの街を挟んで反対方向になる。シェムリアップ市街地からの距離は約五十キロ。だいぶ遠くなる。

新空港からシェムリアップ市内へ道が整備されたわけではない。空港をつくることは決まったが、まだ着工もしていない段階である。シェムリアップのカンボジア人はこういう。

「道は決まっていますよ。アンコールワットの入場券発売所が移ったところですよ。その前の道が整備される。その横はソカホテルでしょ。アンコールワットにやってくる人を、ソカホテルに泊める誘導ですよ。アンコールワットの入場券を徴収しているのもソカホテルのグループですからね。ソカホテルは一応、カンボジアの会社だけど、後ろにはベトナムがいるといわれていますから」

写真入りの入場券を手に売り場を出ると、左手にグランドパノラマ博物館が見えた。クメール時代の生活や文化を描いた大型壁画が売り物の博物館だったが、北朝鮮がつくり、それをカンボジアに寄贈したという訳あり博物館だった。二〇一五年にオープンしていた。最初の十年間、その運営は北朝鮮が行う。つまり、北朝鮮が外貨獲得のためにつくった博物館だった。北朝鮮は、世界から経済制裁を受けている。そのなかで、外貨を獲得できる国は限られていた。

中国の投資で新空港建設が決まり、移転した入場券売り場の前には、北朝鮮が運営する博物館……。どうしてもにおってきてしまうのだ。アメリカが打ちだす北朝鮮への経済制裁強化の方向に、中国は否定的な意見を繰り返している。カンボジアのアンコールワットの入場券売り場の前に立つと、どこかでつながっているものが見えてしまうのだ。

トゥクトゥクに戻り、アンコールワットに向かった。入場券売り場の建物の後ろに控えているソカアンコールリゾート&スパという広大なホテルがよく見えた。客室数が七百七十六という大きなホテルで、二〇一六年にできあがった。日本領事館がここに入るという話もあるという。

外から眺めただけだが、宿泊客はあまりいなかった。しかし、空港からアンコールワットの入場券売り場に巨大なリゾートホテルという動線はしっかりできている。アンコールワットという遺跡が生みだす利益に、カンボジアだけでなく、ベトナム、中国、そして北朝鮮までも食い込もうとしている。入場券売り場のエリアから眺めるアンコールワットは、どこか利権の巣窟のように映ってしまうのだ。そのすべてが裏で動いているから薄気味悪い。

トゥクトゥクは、アンコールワットの入口にある駐車場に停まった。ここでおじさん運転手がハンドルを握るトゥクトゥクは手離すつもりだった。しかしおじさんは待ってもいいという。

「三時間とか四時間かかるかもしれないよ」

「どうせ暇だから大丈夫。トゥクトゥクってたいして儲からないんだよ」

正直なおじさんだった。シェムリアップ市内で客を乗せて、一ドル、二ドル……。それが運転手たちの収入だった。シェムリアップのカンボジア人の月給は百ドルがボーダーラインだという。なんとか百ドルを超えれば生活することができる。

そのなかでアンコールワットの三十七ドルという入場料は、いびつな構造を生ん

北朝鮮がつくったグランドパノラマ博物館。パノラマは予想外の迫力……とか

でいた。

　今回もアンコールワットを見るつもりではいた。これまで二回、アンコールワットを見ていた。どちらもアンコールワット、アンコールトム、タプロムを半日ほどでまわる一般的なコースだった。本音をいえば、もうあの石段をのぼらなくても……という思いはあった。

　カンボジアを何回か訪ね、シェムリアップにも滞在していたというのに、僕はアンコールワットに足を向けなかった。はじめて訪ねたとき、すでにシエムリアップの街には数回滞在した後だった。たまたま半日が空き、「行ってみるか」といったノリでトゥクトゥ

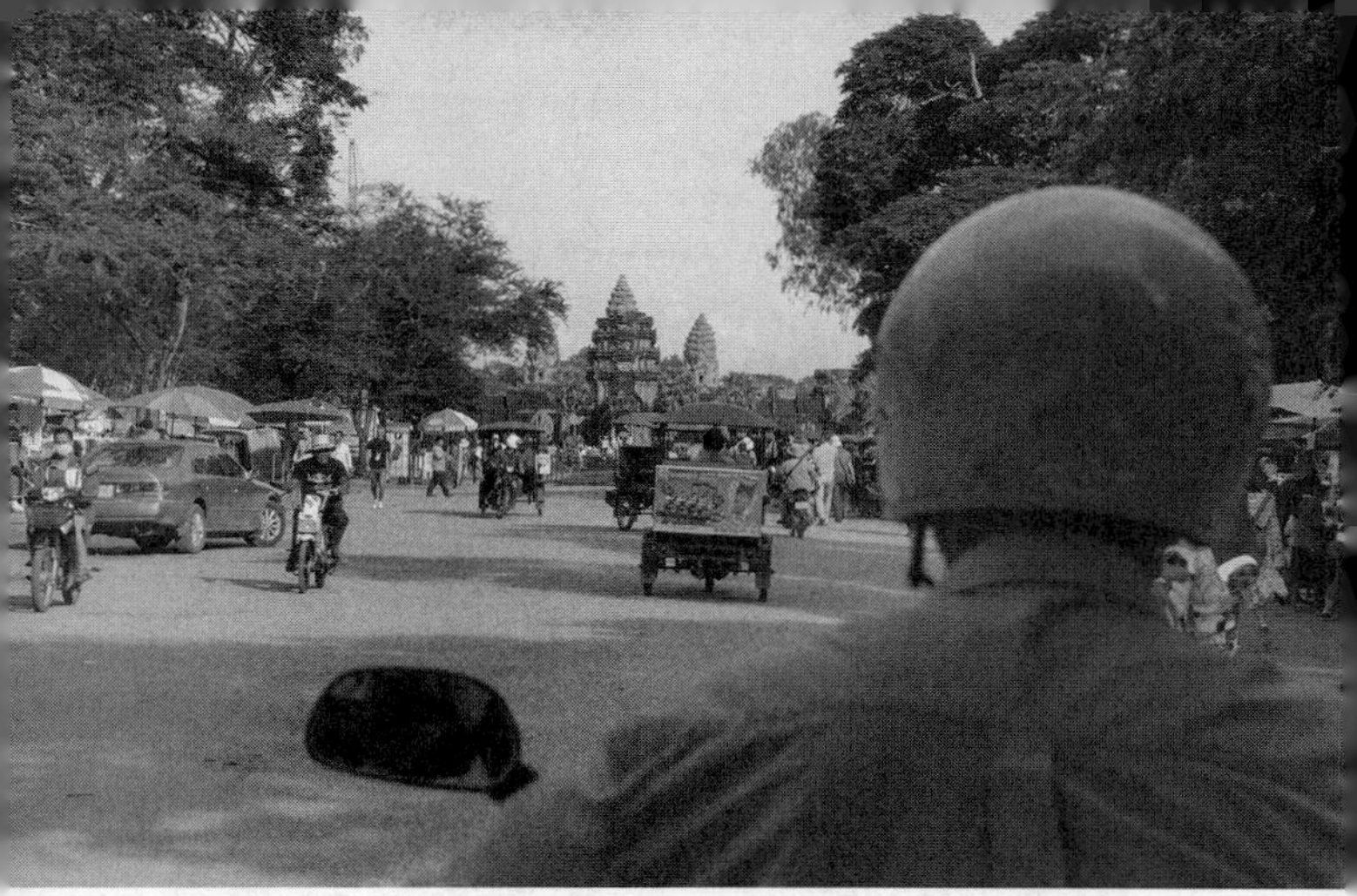

トゥクトゥクがアンコールワットに近づいていく。まだ観光客の時間帯

クに揺られた。つまり、その程度の興味しか抱けない旅行者だった。

　ヒンドゥー建築に造詣があるわけではない。カンボジアの現代史には興味があるが、アンコールワットがつくられた十二世紀のカンボジアの歴史は詳しくない。はじめてアンコールワットの西大門を目にしたときは、たしかにみごとな建造物だと思ったが、その先がない。知識がないから、そこから興味が深まっていかないのだ。それに比べれば、シェムリアップの街や周辺の村を訪ねたほうがはるかに手応えがあった。変わっていくカンボジアは、口ごもってしまうことも多かったが、想像力を刺激してくれた。しかしアンコールワットはなにも変わらなかった。修復が少しずつ進んではいるのだろうが、それはカンボジアの変化の早さに比べると、飛行機と列車ほどの違いがあった。こう思ってしまう旅行者は、一回訪ねれば十分なのかもしれない。それに入場料が三十七ドルに値あげされている……。

しかし今回は仕事だった。本をまとめる以上、アンコールワットの写真がないというのも……という思いが、僕と阿部カメラマンの間にあった。僕らはちゃんと入場料を払い、アンコールワットに入ったが、僕は西大門を越えたところにある前庭のようなところでぼんやりしていた。以前からこの場所が好きだった。メインの建物に続く参道の両側に広がる庭だった。池があり、いつも風が吹いていた。阿部カメラマンは律儀な性格だから、回廊をまわり、祠堂《しどう》といわれる建物にも入り、ちゃんと写真に収めてくれていたが、僕はそこへも行かなかった。前庭は気持ちのいい場所だったが、それはいい訳でもある。アンコールワットはもう見た……という思いがどこかにあった。

前庭の池の畔《ほとり》でぼんやりとしていた。午後の五時をまわった頃だろうか。これまであまり目にしなかった客たちが現れはじめた。レンガ色の僧衣を着た数人の少年僧がどこからともなくやってきた。それをめざとくみつけた中国人観光客が盛んにシャッターを切る。なかには回廊をバックに少年僧を撮ろうと、立つ位置に注文をつける中国人もいる。

雑貨屋のおばさん風の人が、前庭の草むらのなかの道を横切っていく。林と前庭の間の道をバイクも走りはじめた。

「……ん？」

アンコールワットへは、寺院を囲むようにつくられた堀に渡された通路を歩いて入る。訪ねたときはその通路が修復中で、横に浮橋のような簡易橋がつくられていた。チケットのチェックは、その橋の入口で行われていた。入場料が三十七ドルになり、そのチェックは前より厳しくなったという。なんとかチケットなしで入ろうとする気もちはよくわかる。

内部をバイクで走る若者はどこから入ってきたのだろう。前庭には家族たちもやってきた。夫婦と子供、そしておじいちゃんとおばあちゃん、その姿は、どう見ても夕方の散歩だった。

そうだった。アンコールワットの遺跡群にカンボジア人は自由に入ることができた。彼らは無料だった。三十七ドルに値あげされたことに気をとられ、すっかり忘れていた。ひょっとしたら彼らは値あげの事実も知らないかもしれない。アンコールワットに入ることができるのは五時半までだ。それまでなら、自由に入場できたが、観光客が減る夕方を選んでいるようだった。

二回目にアンコールワットを訪ねたときを思いだした。そのときはカンボジアの大型連休にあたっていて、地方からアンコールワットにやってくるカンボジア人も多かった。彼らは昼間の時間にアンコールワットにやってきたが、回廊のあちこちに陣どり、用意した昼食を広げていた。いくつかのおかずにご飯……。その姿はアンコールワットにピクニックにやってきたようにも映った。彼らは昼食が終わると、そのゴミをそこに置いたまま立ち去っていった。脇を歩いていた欧米からのツアー客が、驚いたような視線をカンボジア人に向けていた。

「これだけの世界遺産にゴミを置いていく……」

欧米人がそう思うのは無理もなかったが、カンボジア人には別の文脈があった。カンボジア人の多くは、上座部仏教を信じている。アンコールワットには仏教系の遺跡も含まれているが、基本的にはヒンドゥー文化の史跡である。彼らにとっての宗教的な意味は薄かった。

シェムリアップにやってきたカンボジア人は、まず、ワットボーに向かう。シェムリアップ川に近い大きな寺だ。人によっては中心街にあるプレーアンチェックと

少年僧たちは、強引な中国人に要求されて池の傍に立って被写体に

アンコールワットも中国人たちはこう演出してしまいます

いう寺で手を合わせるだろうか。参拝が終わったカンボジア人はこう考える。

「アンコールワットへ行ってお昼を食べようか。あそこは公園になっていて気もちがいいから……」

彼らにとってアンコールワットは祈りの対象ではないのだ。ただの公園だと思っている彼らのなかには、ゴミを捨てる人もいる。遺跡というものへの思いが、カンボジア人と外国人ではまったく違っていた。

今回、訪ねたのは十一月で、日も短くなっていた。五時半に近づくと空の明るさも弱くなってくる。その頃から、カンボジア人の比率が多くなってくる。公園と思えば納得できる。

僕らはアンコールワットを出、流れ聞こえてくる音楽の方向に歩いていた。アンコールワットの遺跡のイメージとはまったく合わない、いまのカンボジア音楽である。いったいなにをやっているのかと思ったのだ。

アンコールワットの堀に沿って歩いていると、阿部カメラマンの足が止まった。

「なんですか、あれ」

堀の石塀の脇にちょっとしたスペースがあり、ハンモックがずらりと並んでいた。その間にござが敷かれ、人々が座ってなにやら食べている。

難民キャンプ？　違います。ハンモック居酒屋。バックはアンコールワット

ハンモックは携帯式だった。ハンモックといえば、両端を木やその枝に縛るスタイルを以前はよく見た。しかし木がないとハンモックを吊ることもできない。携帯式は場所を選ばなかった。金属製の支柱を組みたてるだけでよかった。おそらくハンモックの網もそこにとりつけてあるのだろう。ぱたぱたと折りたためば、車に載せることもできた。いったい誰が考案したのかは知らないが、業者はそれを数十個買い、空き地に置いて場所代をとるというハンモックビジネスをはじめたようだった。

堀の向こうには西大門が見える位置だった。観光客だったら、必ずスマホのシャッターを押すような場所だったが、カンボジア人は、そんな風景も意に介さず、暗くなりはじめたなかで楽しそうに料理を口に運んでいた。通りを挟んだ向かいには何軒もの屋台が出ていた。そこで惣菜や飲み物を買い込み、ハンモックの間のスペースにござを敷きはじめるグループもいる。これから飲み会がはじまるらしい。

そこから通りを渡り、音楽が流れてくる方向に歩いた。板塀に囲まれた一画にスピーカーが置かれていた。なかをのぞくと、皿やコップがセッティングされたテーブルがずらりと並んでいる。

「結婚式だろうか」

なかを見ていると、着飾った女性が出てきた。

「これから結婚パーティなんです。一緒にどうですか」

昔、カンボジアの村で、見ず知らずの人の結婚式に無理やり参加させられたことが何回かある。カンボジアの結婚式は、誰でもその宴会に加わることができるらしい。さすがに今回は断わったが、そのパーティがこれからはじまるのだ。式場の脇は大きな駐車場になっていた。通りから次々に車がそこに入っていく。結婚パーティの出席者だろう。

アンコールワットの手前では結婚パーティの準備。なんの違和感もなく

新郎と新婦。入場料の値あげなど、彼らにとっては無縁の世界

周囲を見渡しても、アンコールワットにやってくる観光バスはなかった。皆、シェムリアップに戻っていった。通りを歩く観光客の姿もない。日が落ち、すっかり暗くなったアンコールワット周辺は、カンボジア人の街に戻っていた。村上春樹の『1Q84』という小説が頭に浮かんだ。そのなかにある、「猫の町」という挿話。こんな内容だった。

日が落ちると、橋を渡って猫がやってくる。猫たちは夜の町で食事をし、仕事をする。そして朝になると、すべてを片づけて猫は消える。

林のなかには、ぽつんぽつんと携帯ハンモックが置かれていた。その脇にはカンボジア人たちが座っている。ライトというものがなにもない。まっ暗いなかで、彼らは笑い、世間話に花を咲かせる。車座の中央には、料理や飲み物が並んでいるのだが、僕の目ではその内容までは判別できない。彼らには見えるのだろうか。

その先に進むと湖があり、大きなテントの下にテーブルを並べた食堂が七、八軒、並んでいた。テーブルの上には皿やコップ、ビールがセットされている。店の前では炭が熾《お》こされ、その上に金網が置かれている。客の注文を受けて、ここで肉や魚介を焼くのだろう。時計を見ると、六時半になっていた。これからシェムリアップの人々やカンボジア人の観光客がやってくるのだ。

日が落ちると灯りがともるアンコールワット前食堂。書き入れどきがはじまる

この店は昼間、閉めていたのかもしれない。表には土産物が並んでいるから、そこだけ開けていたのだろうか。このあたりは、何回か通ったように思うのだが、日が暮れると、屋外レストランに変身するとは思ってもいなかった。

午後の五時頃までは、観光客で賑わう一帯である。その時間帯の店は外国人向け、日が落ちて開く店はカンボジア人向けという線を引いているようにも思う。

アンコールワットなどの遺跡は、午後五時半で閉まる。なかにいる人が全員、外に出るのは六時ぐらいだろうか。夕陽に照らされたアンコールワットを写真に収めようとする観光客は少なくない。

これに合わせて入場券の発売も終わる。おそらく午後の五時には窓口も閉まる気がする。それ以降は、外国人もカンボジア人と同じように、入場券を買わずに遺跡に近づくことができる。遺跡そのものには入ることはできないが、その周りに広がるエリアには入ることができる。

背後から朝日がのぼるアンコールワットの美しさは、ガイドブックやネットの世界でしつこいぐらいに紹介されているから、朝の五時半頃になると、続々と観光客がやってくるという。それまでの時間、このエリア一帯はカンボジアになる。

「これからは、夕方の五時半すぎに来たほうがいいかもしれない」

そんなことをひとり考えてみる。三十七ドルの入場料もいらない。

暗がりのなかを歩いていくと、向こうから手を振る男がいた。トゥクトゥクのおじさんだった。この暗さのなかで、よくわかるものだ。カンボジア人は夜でも人の顔を識別できるのだろうか。待っているという言葉を半分、疑ってもいたのだが、彼は待っていた。本当に仕事がないらしい。帰りも十ドルだろうな。僕もおじさんに手を振った。

「伝統の森」と石徹白の間にあるもの

森本喜久男が、二〇一七年の七月に亡くなった。彼がつくった「伝統の森」は、シェムリアップから見ると、アンコールワットの先にある。以前は入場券売り場で、「伝統の森に行く」というと日本人でも通してくれたというが、入場料が三十七ドルにあがってから、チェックが厳しくなった。ずいぶんと遠まわりをして「伝統の森」に入った。

森本とは、彼がバンコクにいたとき、よく会っていた。もう三十年以上前の話だ。

森本とはじめて会ったのは、バンコクの旅行代理店だった。互いに客として航空券を買いにきていた。彼は当時、個人で旅を手配する仕事をしていた。僕はタイ語学校に通っていたが、日本から来る知人の航空券をバンコクで買うことが多かった。バンコクで買う航空券は安く、日本発の航空券をバンコクで買うことも許されていた。そういう時代だった。

旅行代理店の近くでよく食事をした。航空券の話が多かったが、彼が日本で友禅染めの仕事をしていた話も聞いた。

後でわかったことだが、彼は中学時代、二回、鑑別所に送られていた。若い頃は反体制のデモによく参加した。原子力潜水艦の寄港に反対するデモに加わり、成田空港建設に反対するデモの隊列のなかにもいた。

当時のバンコクには、こんなタイプの男が多かった。日本から弾きだされたようなにおいを秘めていた。バンコクは彼らを受け入れてくれたわけではなかったが、そんな空気をもつ不思議な街だった。それはいまも変わらないのかもしれないが。

森本を特別に意識していたわけではなかったが、日本から追いだされたタイプのようにも思っていた。

その後、僕は日本に帰国し、旅の本を書くようになった。そこからの森本の話は、バンコクで耳にした風の噂だった。彼がカンボジアに移り住んだ話も聞いた。そのとき、僕が思い描いたのは、タイをも追われ、カンボジアに流れていく日本人のストーリーだった。タイもしだいにビザの取得が厳しくなってきていた。カンボジアは年に二百ドルほどを払えば、働くこともできるビザが簡単に手に入った。そんな男たちを、何回もプノンペンの安宿で目にしていた。

しかし知人が伝えてくれた話は違った。シェムリアップに近い森のなかに工房をつくり、カンボジアの伝統的な織物を再生する事業にとり組んでいるという話だった。

「伝統的な織物？」

若い頃、彼から聞いた友禅染めの話を思いだした。彼はようやく、自分の世界を手に入れようとしているのではないか。カンボジアに流れていく男とは、別のベクトルのなかを進んでいったのではないか……。

それから耳にする彼の話は、羨ましいものばかりだった。

彼の仕事はその後、世界から高い評価を受ける。二〇〇四年にはロレックス賞を受賞している。この賞はそのホームページにこう書かれている。

——自らのビジョン、勇気、画期的なプロジェクトをもって将来を変えようとする、革新的な思索家を支援する。

アフリカの眼病治療を抜本的に変えた医師、人工氷河をつくり乾燥した地域の作物づくりを助ける技術者……など、受賞したプロジェクトは興味深いものが多い。その後、森本は数々の賞を受賞していく。

伝統の森——。シェムリアップに行くたびに訪ねようと思っていた。僕のことを覚えているのかどうかはわからないが、彼がつくった世界を目にしてみたかった。そうこうしているうちに、彼の訃報が届いてしまった。

シェムリアップから四十分ほどかかっただろうか、最後は未舗装路をしばらく進んだ。ひどい雨が降っていた。ぬかるむラテライトの道を五キロほど進むと、村のなかの広場のような場所に出た。そこが伝統の森だった。

森本はここで、カンボジアに伝わる伝統的な絹織物の復活のプロジェクトを行っていた。出迎えてくれたのは村長のトールだった。四十一歳。ここに村ができてから十四年、ずっと森本とともにプロジェクトを進めてきた。

この村に来る前、彼はカンポット州で米をつくっていた。カンポット州はカンボジア南部。シアヌークビルの東側にある。彼の家に森本は何回もやってきた。そこでプロジェクトの説明を受けた。それはシェムリアップのアンコールワットの奥に村をつくり、そこに絹織物の技術をもったカンボジア人を集め、伝統的な布を復活させるというものだった。

「そりゃ心配でした。うまくいくかはまったくわかりませんから。私には家族もいましたから。結局、森本さんに説き伏せられて、この森に来たんですけど、水もなければ、電気もない。家もありません。はじめにここにきたのは十九人。

伝統の森に入った。午前中と夕方から夜まで電気が使えるようになった

村長のトール。奥さんは布を織る仕事をしている

皆でまず小さな家をつくりました。鍋、皿、スプーン、フォーク……そんなものもこちらで買ってね。ゼロから森本さんと一緒に村をつくっていったんです。はじめの給料は月二十五ドルでした」

森本は一九九五年、ユネスコの手織物プロジェクトのコンサルタントとして、カンボジアで現地調査を行っている。そこで出会った人々に声をかけていったわけだ。トールが住んでいたカンポット州では、以前、黄色い繭《まゆ》の養蚕《ようさん》を行っていた。その時代の桑の木や道具も残っていた。カンボジア各地には、老人になってしまったが、絹の織り手も生きていた。こうしたなかで、クメール伝統織物研究所、通称ＩＫＴＴができあがっていくのだ。

トールの案内で村のなかをまわった。小川を渡り、桑の畑を見た。続いてカイコが育つ小屋、そして絹糸をつくり、それを染め、織りあげていく作業を見学した。ざっとまわるだけで一時間ほどかかった。それぞれの仕事は気が遠くなるほど根気のいる作業のつながりだった。

糸をつくり、織っていく作業の多くは女性たちが受けもっていたが、傍らには小さな子供たちが遊んでいた。これが森本が考えていた村の姿でもあった。かつてカンボジアの村に伝えられた手仕事は、日本でいえば内職に似ていた。

絹の糸は少しずつできあがっていく。カンボジアの森の風が心地いい

子供を育てながら絣をつくる。森本はこの環境をつくっていった

女性が子供を育てながら伝統の絹織物をつくってきたのだ。工場のようにラインをつくるのではない。村をつくり、森を守り、子供を育てながら手仕事を続ける。それがなければ完成しないほど、絣《かすり》をつくる工程は根気のいることだったのだ。

いま村には八十人ほどが暮らしている。村の外から同じぐらいの数の人が働きにやってくる。女性たちは子供を傍に置き、世間話を続けながら、一枚の絣に近づけていく。周囲から見れば、それは井戸端会議のように映るのだが、手はいっときも止まっていない。

村のなかには小学校もあった。先生の給料はＩＫＫＴが負担している。

森本の部屋に行ってみた。亡くなってから約四カ月が経っていたが、部屋はそのままに保たれていた。彼の机の前には、遺影が掲げられ、その前に花が飾られていた。線香に火をつけ、手を合わせた。机の背後や横には本棚があった。カンボジアや織物の本に混じって、『水で血液サラサラ』なんていう本もある。彼はガンで死亡したが、コレステロールの高さも医師から注意されていたのかもしれない。周りには猫が寝ている。生前、二十匹近い猫を飼っていたという。

彼の仕事場の横がテラスのようになっていた。そこから桑畑がある森が見渡

森本の家は高床式の家屋。机の上にはパソコンも残っていた

森本は全部の猫に名前をつけていた。村の人はその名前を覚えている

せた。いい眺めだと思った。

僕には彼に訊きたいことがあった。消えゆく伝統の絣の復興をなぜ、日本でやろうとしなかったのか……ということだった。彼はカンボジアやそこに暮らす人々が好きだったのかもしれない。いやアジアが肌に合ったのだろうか。しかし、日本という国に居心地の悪さを感じとってしまった男たちにありがちなアジアへの偏愛が彼のなかにはなかったのだろうか……と。

しかしそこにはさまざまな問題があった。日本は高度経済成長から続くバブルの崩壊を経験していた。その間に、日本の数多くの伝統が消えていった。その後の日本人のなかには、昔ながらの布のもつ心地よさや、体への優しさを評価する意識が芽ばえてきた。名が知られた伝統の森を訪ねる日本人にはそんな人が多い。すべてが自然のなかから生まれた素材を使った布に惹かれていく。

しかしカンボジア人は違う。ようやく高度経済成長がはじまったばかりなのだ。物質社会の豊かさを味わう時代のただなかにいる。そんな彼らが、どう森本を見ていたのか。

村長のトールは、森本が亡くなってからのことを心配している。伝統の森を訪ねる日本人の多くが、村のなかにある店で、みごとな絹織物を買っていく。

しかしやってくる日本人の目的は、彼に会うことだった。それはいまの日本人の感覚であって、カンボジア人のそれとは違う。その溝をいちばんわかっていたのが森本のはずだった。彼はどうやって、その間を埋めていったのか。

森本が五回も訪ねた村が日本にあった。岐阜県の郡上市にある石徹白《いとしろ》だった。そこに平野彰秀さんと馨生里《かおり》さん夫妻が暮らしていた。二〇一七年の十二月、石徹白を訪ねてみた。福井県との県境に近い一帯で、すっかり雪に埋まっていた。奥さんは、学生時代から伝統の森に通っていた。それが縁で、森本は石徹白を訪ねる。馨生里さんと一緒に村に残った衣類を集め、そこで「たつけ」という野良着ズボンに出合う。「たつけ」は「もんぺ」より古い日本の作業着だという。布を無駄なく使い、働きやすい服……。洋服の文化もなかった時代に考案されたものだった。

馨生里さんは石徹白洋品店をつくり、「たつけ」などを販売している。すべて手づくり。つくり手が見える服の世界だ。

ご主人は地域の活性化の仕事に就いている。移住や石徹白の観光PRなども手がけているが、注目されているのは小水力発電である。地域の家々から出資

正面が石徹白洋品店。冬、店舗は雪囲い。ネットで販売している

これが「たつけ」。穿くとその快適さがわかるという

を募り、そこに借り入れ金などを加え、いま、エリア内の四カ所で発電を行っている。電気の一部は北陸電力に売り、その売りあげは年間二千五百万円になる。その資金で放棄されてしまった農地を復活させている。

伝統の森と石徹白。森本の精神はこのふたつを結びつけた。しかし彼は亡くなってしまった。もう彼のような日本人は現れないのかもしれない。石徹白洋品店の薪《まき》ストーブに手をかざしながら、そんなことを考えていた。

あとがき

どこへ行こうとしているんだろう。

ベトナムを訪ねると、しばしばそんなシーンに遭遇する。バイク通勤の女性の肩にかけられたブランド物のバッグ。大音響が炸裂するホーチミンシティのヴィビエン通りに、男の子が運転するバイクに乗ってやってくる肩を露わにした若い女性たち。好景気はどこかアナーキーな空気を携えながらベトナムに広がっている。

路線バスに乗ると、乗客はなぜか僕に席を譲ってくれる。そんなに老けて見えるのだろうか。さまざまな国を旅してきたが、ベトナムほど老人扱いされるところはない。やはり若い国なのだろう。そのエネルギーはどこか危うさを抱えながら路上に弾けている。

先日、台湾桃園国際空港で、手錠をはめられた二十人ほどのベトナム人を見た。僕が乗る便の搭乗口の隣が、ハノイ行きの飛行機だったのだ。皆、若かった。全員が不法就労だった。二十年ほど前の成田空港でも、手錠をつけて搭乗口に現れるアジア人をよく目にした。

おそらくいま、ベトナムは高度経済成長のただなかなのだろう。絶頂期といってもいいかもしれない。その時期は景気のいい話が拡散される一方で、社会の格差が表面化してくる。貧しい人々は、ベトナム社会で成功するための資金を得ようとする。手っとりばやい方法は海外への出稼ぎである。

僕は団塊の世代より少し若い。高度経済成長というものを肌で感じた年代ではない。当時、住んでいた信州の諏訪という街が新産業都市に指定された。次々に精密機械の工場が建っていく光景は、畦道《あぜみち》を飛びまわっていた少年の目にも焼きついている。しかしやはり幼かった。

高度経済成長というものを実感したのはタイである。湿地に土管が積みあげられ、気がつくとビルが建っていた。地方に行くと、国道に沿って工業団地が出現し、大型トラックが砂煙をあげて走っていた。

僕はその光景を不安げに眺めていた。日本はバブルが弾け、社会には閉塞感が漂っていた。そこから逃げるようにタイに向かい、そのゆるい空気に救われもした。しかしその国が、日本と同じ道を歩もうとしていた。それは日本人の勝手な思いとわかりながら、僕は行き場を失っていった。

だからベトナム？　しかしこの国の成長ぶりは、タイをも凌駕していた。とにかくスピードが速い。溜まっていたエネルギーが弾けるように一気に階段を駆けのぼりはじめてしまった。その速さにはもうついていけず、デタム通りの音の少ないカフェで、一本五十円ほどのサイゴンビールを飲むしかなかった。

どう考えたところで、ベトナムは矛盾に満ちた国だった。社会主義という枠組みを留めているというのに、高度経済成長がずんずんと進んでいるのだ。人々はどう折り合いをつけているのかもわからず、指をくわえて眺めるばかりなのだ。

人はこのはちゃめちゃなエネルギーを、ベトナムの元気というらしい。『週末ベトナムでちょっと一服』（朝日文庫）の発刊から四年がたった。その続編という思いもあったが、ベトナムの発展速度はそれを許してくれそうもなかった。やはり大変なパワーの国なのだ。

陸路の国境を越えてカンボジアにも向かった。ベトナムと同じように、年に何回か訪ねている。そこで目にするのは、ベトナムとは異質の経済成長である。中国の資金力でつくられた工業団地は、カンボジアの村やその家族の意識を変えつつある。アンコールワットという世界遺産をめぐって、周辺国がそろばんを弾く。危うい綱渡りは小国の宿命なのかもしれないが、そのなかで人々はカンボジアを守ってもいた。なかなかしたたかである。

急速に変化していくふたつの国を僕の歩調で歩いた。変わる社会のなかで見せる彼らの笑顔を書き綴ったつもりだ。

本書の写真は阿部稔哉カメラマンに撮りおろしてもらった。

刊行にあたり朝日新聞出版の大原智子さんのお世話になった。

二〇一八年二月

下川裕治

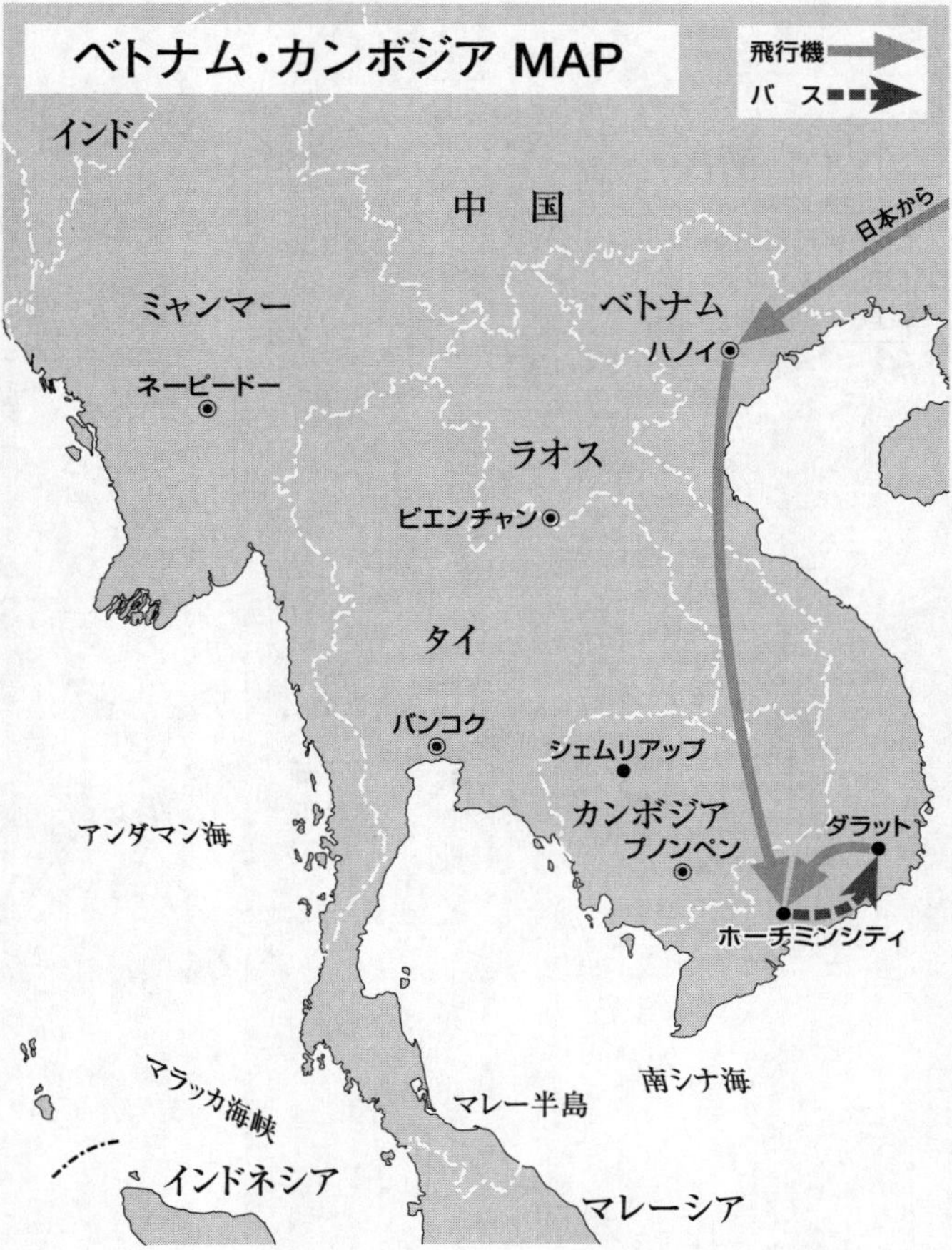
ベトナム・カンボジア MAP
飛行機
バ ス
インド
中 国
日本から
ミャンマー
ベトナム
ハノイ
ネーピードー
ラオス
ビエンチャン
タイ
バンコク
シェムリアップ
カンボジア
プノンペン
ダラット
ホーチミンシティ
アンダマン海
南シナ海
マラッカ海峡
マレー半島
インドネシア
マレーシア

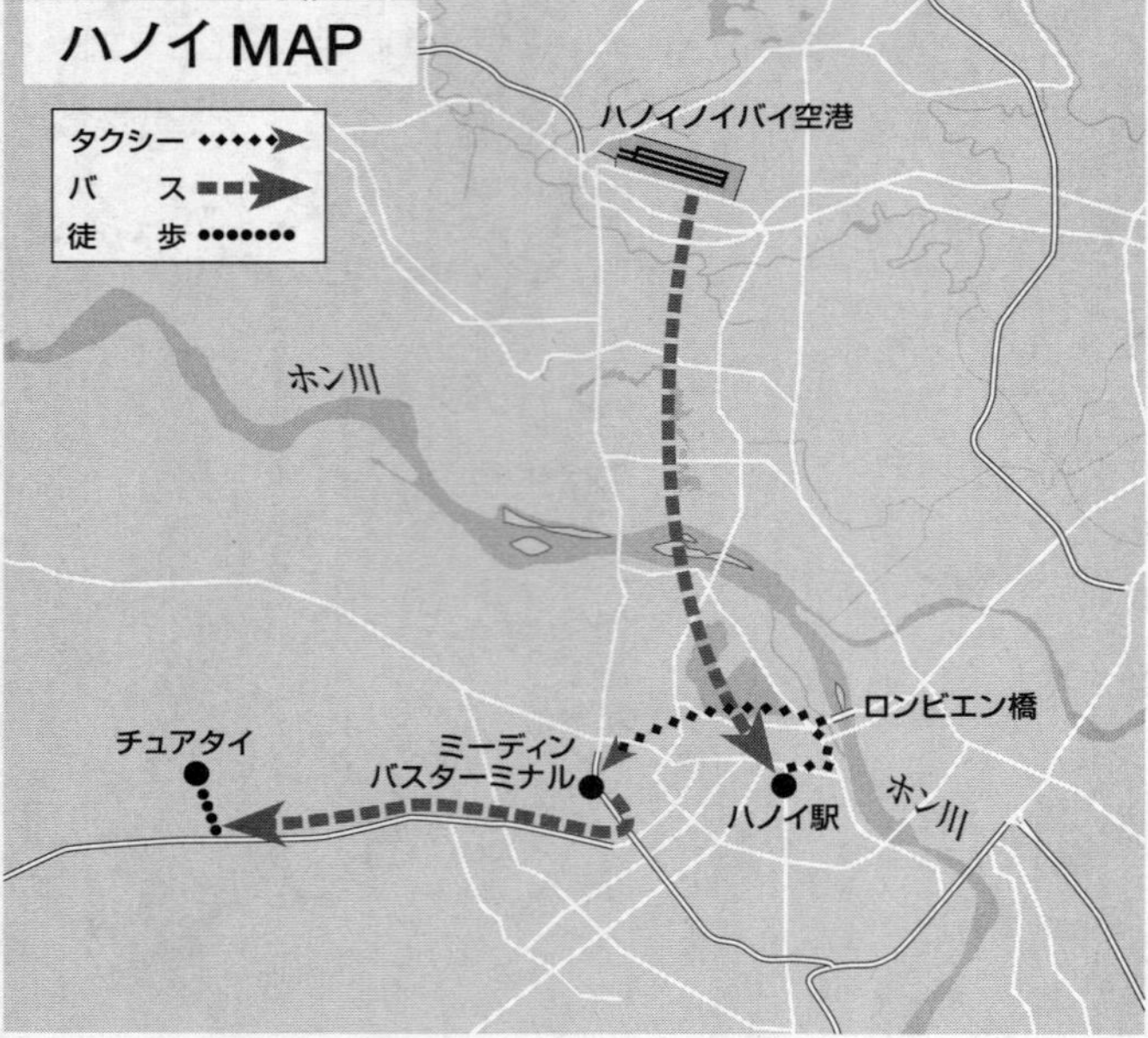
ハノイ MAP
タクシー
バ　ス
徒　歩
ハノイノイバイ空港
ホン川
ロンビエン橋
ミーディン
バスターミナル
チュアタイ
ハノイ駅
ホン川

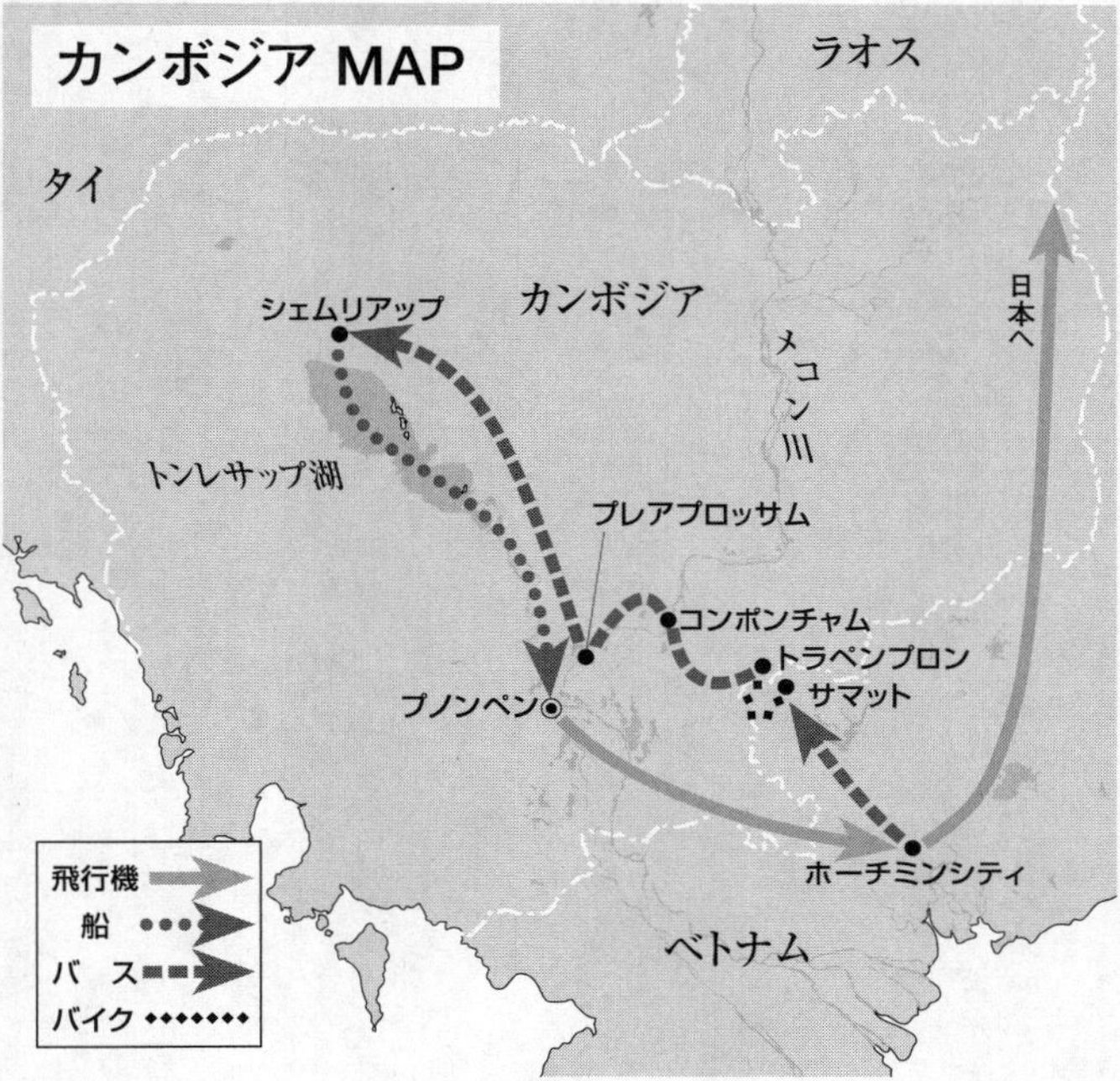
カンボジア MAP
ラオス
タイ
カンボジア
シェムリアップ
メコン川
日本へ
トンレサップ湖
プレアプロッサム
コンポンチャム
トラペンプロン
サマット
プノンペン
ホーチミンシティ
ベトナム
飛行機
船
バス
バイク

週末《しゅうまつ》ちょっとディープなベトナム旅《たび》　朝日文庫

2018年3月30日　第1刷発行

著　者　下《しも》川《かわ》裕《ゆう》治《じ》

写　真　阿《あ》部《べ》稔《とし》哉《や》

発行者　友澤和子

発行所　朝日新聞出版
〒104-8011　東京都中央区築地5-3-2
電話　03-5541-8832（編集）
03-5540-7793（販売）

印刷製本　大日本印刷株式会社

ISBN978-4-02-261921-1

朝日文庫

週末香港・マカオでちょっとエキゾチック
下川裕治／写真・阿部稔哉

茶餐廳の変な料理や重慶大廈の異空間。大粒の雨のなか涙する香港人とカジノ景気を利用するマカオ人。九〇年代に返還された二つの街を見つめる。

週末ソウルでちょっとほっこり
下川裕治／写真・阿部稔哉

日本との共通点は多いが、言葉で苦労する国。ハングルメニューの注文のコツを覚え、韓国人とともに飲み、Kポップの世界に一歩踏み込む。

週末シンガポール・マレーシアでちょっと南国気分
下川裕治／写真・阿部稔哉

物価高の街をシンガポールっ子流節約術で泳ぎ抜く。ジョホール海峡を越えるとアジアのスイッチが入り……待ち構えていたのはイスラムの掟⁉

週末ちょっとディープな台湾旅
下川裕治／写真・阿部稔哉

台湾のにおいの正体を探り、台南で日本の名残に触れ、少数民族に助けられて温泉へ――。これが、僕の台湾歩き。きっと台湾がいとおしくなる。

週末ちょっとディープなタイ旅
下川裕治／写真・阿部稔哉

日本人大好きタイ料理はタイ中華？　ガイド本では紹介されない裏の乗物が市民の足。気まぐれタイ鉄道でラオスへ……音のない村に迷い込む。

僕はＬＣＣでこんなふうに旅をする
下川裕治

安い！　けど、つらいＬＣＣ。二度と乗らないと決意したのに……気づけばまたＬＣＣで空の上。なぜ安い？　イマドキ事情とは？　落とし穴も！

日本航空編
機長たちのコックピット日記
「絶景ポイントはどこ?」「飛行機に門限?」「環境に優しい旅客機は?」「パイロットになるには?」など、機長ならではの秘話が満載。

日本航空『AGORA』編集部編
機長たちのコックピット日記002便
「旅客機から見た花火はどんな形?」「フライト・ナンバーはどう決まる?」など、現役機長が明かす、空の旅がもっと楽しくなる秘話四八編!

茨木　のり子
ハングルへの旅
五〇代から学び始めたハングルは、魅力あふれる言葉だった——隣国語のおもしろさを詩人の繊細さで紹介する。

藤原　新也
西蔵《チベット》放浪
ラマ教社会の森羅万象に鋭い視線を注ぎ、透明な観想空間を案内する天寿国遍歴行カラー版。

池上　彰編・著
世界を救う7人の日本人
国際貢献の教科書
緒方貞子氏をはじめ、途上国で活躍する国際貢献の熱いプロフェッショナルたちとの対話を通じ、池上彰が世界の「いま」をわかりやすく解説。

朝日新聞中国総局
紅《くれない》の党
完全版
薄熙来《はくきらい》事件を機に中国共産党の闇に迫った朝日新聞好評連載の文庫化。党幹部候補生の実態を描いた第四部、中南海を探る第五部を加えた完全版。

朝日文庫

トーマス・バーゲンソール著／池田 礼子、渋谷 節子訳

アウシュビッツを一人で生き抜いた少年

A Lucky Child

子供が真っ先に「価値なし」と殺された収容所で、最後まで諦めないことを教えた両親の愛情と人々の勇気によって、奇蹟的に生き延びた少年の自伝。

ベアテ・シロタ・ゴードン／構成・文 平岡 磨紀子

1945年のクリスマス

日本国憲法に「男女平等」を書いた女性の自伝

日本国憲法GHQ草案に男女平等を書いたのは、弱冠二二歳の女性だった。改憲派も護憲派も必読、憲法案作成九日間のドキュメント！

森崎 和江

からゆきさん

異国に売られた少女たち

明治、大正、昭和の日本で、貧しさゆえに外国に売られていった女たちの軌跡を辿った傑作ノンフィクションが、新装版で復刊。《解説・斎藤美奈子》

深代 惇郎

深代惇郎の天声人語

七〇年代に朝日新聞一面のコラム「天声人語」を担当、読む者を魅了しながら急逝した名記者の天声人語ベスト版が新装で復活。《解説・辰濃和男》

深代 惇郎

続・深代惇郎の天声人語

朝日新聞一面のコラム「天声人語」を一九七〇年代に三年弱執筆し、読む者を魅了した名記者・深代惇郎。彼の天声人語ベスト版続編が新装で復活。

深代 惇郎

最後の深代惇郎の天声人語

国際、政治からくらしの身近な話題まで。七〇年代の名コラムがいま、問いかけるものとは。すべてのコラムが単行本未収録、文庫オリジナル。